111 formas de comunicarte con los Ángeles y Arcángeles

Gaby Heredia

111 formas de comunicarte con los Ángeles y Arcángeles

Ejercicios guiados por los Ángeles y Arcángeles
para el amor, salud, abundancia, dinero, autoestima,
trabajo, felicidad, familia...

URANO

Argentina – Chile – Colombia – España
Estados Unidos – México – Perú – Uruguay

Un día los Ángeles me hablaron sobre mi misión:

«Lleva fe, salud y esperanza a los demás. Sana sus mentes
y corazones y alimenta sus almas a través de nuestra LUZ.
Transmíteles PAZ con nuestros mensajes de AMOR».

Mis ojos se llenaron de lágrimas de felicidad
y abrí mis brazos a las bendiciones DIVINAS.

Gaby Heredia

A Socorro, mi mamá, quien es mi Ángel en la tierra
y de quién heredé este hermoso don para comunicarme
con los Ángeles y Arcángeles.

Te amo con todo mi corazón.

Agradecimientos

A ti, Alex, el amor de mi vida, gracias por tomarme de la mano y brindarme tu apoyo. Tus consejos siempre tan acertados.

A mi hermosa hija Sara, de quien estaba embarazada cuando comencé a escribir este maravilloso libro, el cual avanzaba mientras tu crecías dentro de mi. Fue un proceso her-mo-so.

A mi hermano Paco, 1000 gracias por caminar junto a mí en este mágico mundo de los Ángeles, somos la mancuerna perfecta. A mi papá, a mi hermano Juan, a mi sobrino Juan Manuel, gracias por su apoyo y por la luz que me han brindado en este camino.

Y a ti Mariano Osorio por tu confianza y apoyo incondicional. Eres un ser que brilla intensamente llenando a las personas de cosas positivas.

Y a ustedes mis amados Ángeles de la Guarda y Arcángeles por guiar mi mano al escribir cada una de las 111 formas. En ustedes confío.

Índice

Prólogo

Conocí a Gaby Heredia precisamente en el tiempo en que ella estaba atendiendo a su voz interior para abandonar su exitosa carrera ejecutiva y seguir su vocación y don de vida: ayudar a las personas a sanar a través de los mensajes de los Ángeles divinos.

Algunos piensan que nuestro encuentro fue solo una casualidad, Gaby y yo estamos convencidos de que fueron nuestros Ángeles quienes nos hicieron coincidir. Desde entonces, su colaboración en "Hoy con Mariano" ha sido una maravillosa contribución a la misión de mi programa: entibiar el corazón de todos aquellos que nos escuchan.

Gaby Heredia es una mujer inteligente, con un espíritu cálido y generoso. Su pasión por ayudarnos a entender que no estamos solos en esta tierra porque los Ángeles siempre están cerca de nosotros, la llevó a compilar 111 formas para comunicarnos con los Ángeles y Arcángeles en este libro, cuya esencia, lleva toda su fe y armonía.

En este trabajo creativo, Gaby nos ayuda a comprender que nuestros Ángeles solo expresan el amor de Dios y nos confirman su presencia en nuestra vida.

Esta obra es una guía extraordinaria para todos, pero sobre todo, para aquellos que siempre han sabido, intuido e incluso percibido, la presencia de estos seres majestuosos pero no han sabido interpretarla. Esta guía los ayudará a abrir sus ojos, pero aún más, su corazón a esta divina presencia.

Este libro debe acompañarnos de noche y día para saber invocar la protección, sanación y bendiciones de nuestros Ángeles de la

Guarda, así como su dulce compañía. Porque como Gaby bien lo dice en su introducción: "Solo a través del poder de nuestras oraciones sucederán los milagros".

Mariano Osorio
#Piensa Positivo

Introducción

«Solo a través del poder de tu oración
suceden los milagros»

Constantemente me preguntan que cómo o cuándo me di cuenta que podía escuchar, sentir o platicar con los Ángeles y siempre respondo de diferentes maneras: «No sé», «siempre» «o desde chiquita» y es que todas esas respuestas son ciertas. Nací con este don (y lo más extraordinario es que todos lo tenemos) y estoy segura que lo heredé de mi mamá, quien siempre alimentó mi alma para que no me alejará del camino espiritual. Hoy, agradezco todos sus consejos.

Desde muy pequeña escuchaba voces, llegaban imágenes a mi mente que no tenían explicación, tenía sensaciones que no sabía interpretar en ese entonces… Sin embargo, algo sí tenía claro: todos esos mensajes eran de amor, de paz, de bienestar… Poco a poco, entendí, con las palabras sabias y acertadas de mi mamá, que esos mensajes venían de los Ángeles. Estos seres de luz se estaban comunicando conmigo.

Crecí en una familia católica y amando a Dios. Recuerdo a mi mamá rezando ante una angustia o agradeciendo los regalos de la vida. También llegan a mi mente esas historias que me platicaba antes de dormir del poder de los angelitos para protegernos durante la noche. Sí, crecí creyendo en Dios y en los Ángeles. ¡Una gran bendición!

Sin embargo, debo confesar que durante muchos años bloqueé esa parte espiritual (cómo decidí definirla yo), por pena, para evitar el rechazo o por no saber cómo manejarla. Incluso, muy pocas veces platique de este *don* con personas que no formaban parte de mi círculo más cercano. Pasó el tiempo, estudié Diseño de Modas, trabajé en diferentes empresas donde tuve la fortuna de crear grandes y exitosas colecciones de ropa. Retomé actividades como yoga y meditación y fue ahí cuando me reencontré (por decirlo de alguna forma, porque nunca estuvieron alejados de mí) con mi mundo de Ángeles.

Un día mi mamá me dijo: "¿Hija, cuándo vas a dedicarte a llevar todos estos mensajes de amor, fe y esperanza a las personas?". Y siempre le contestaba: "Los Ángeles ya tienen los tiempos perfectos para mí". Y así fue. Me empezaron a mandar a las personas que tenían que apoyarme y llevarme a tomar la decisión de dedicarme a este mundo tan mágico.

Entendí todas las señales que tenían para mí con respecto a mi carrera espiritual y fue como empecé a transmitir los mensajes de los Ángeles a través de las terapias, con las lecturas de cartas angelicales o al ponerme en contacto con personas que ya no están con nosotros en este mundo.

Actualmente mi único fin con este don, es ayudar a las personas a encontrar respuestas sobre salud, amor, abundancia o cualquier problema personal. Simplemente: ¡Llevar felicidad! Fueron los Ángeles quienes me ayudaron a reinventar mi vida.

Al leer estas líneas ya estás en contacto con tus Ángeles,
pues fueron ellos quienes pusieron este libro en tus manos.
Es tiempo de alimentar tu alma.
¡Así o más claras las señales!

Durante el contacto con las personas a través de las terapias, me di cuenta que sus principales preguntas y constantes inquietudes son dos que se resumen en: cómo me comunico con los Ángeles y qué ejercicios puedo hacer con ayuda de los Ángeles para encontrar el amor, atraer la abundancia o salir de una enfermedad (por mencionar algunos ejemplos). Pues bien, los Ángeles «trabajan» las 24 horas del día, no se cansan, no juzgan, no se enojan, no les importa el cómo les pidas, pero desean que les pidas… Decidí realizar esta guía y escribir estos 111 ejercicios o ejemplos con la asesoría de estos seres de luz, para que entres en contacto con el amor incondicional de tus Ángeles de la Guarda y Arcángeles y ¡CAMBIE TU VIDA!; para que comiences a vivir rodeado de Fe y Armonía. Oraciones, Decretos, Pensamientos, Charlas, Actitudes, son parte de estas 111 formas de comunicarte con los Ángeles y Arcángeles que tienes frente a ti.

Cada ejercicio te brinda la oportunidad de entablar una relación, una charla o un momento especial con los Ángeles y Arcángeles. En cada ejercicio solo se trabaja con tu fe, con tu fuerza interior y con tu actitud positiva. Recuerda que solo a través del poder de tu oración y la fe que pongas suceden LOS MILAGROS. Ahora bien, a lo largo del libro puedes encontrar diferentes ejercicios para resolver una situación particular, encontrar respuestas o recibir orientación; en ti está realizar uno o todos, según como lo sientas. A los Ángeles no les importa si haces uno o varios, sino que tus peticiones, oraciones o pensamientos vengan rodeados de AMOR y surjan desde lo más profundo de tu ser. Realiza con todo el poder de tu corazón estos ejercicios y verás que tu vida comienza a cambiar de inmediato. Es muy importante que abras todos tus sentidos para recibir los mensajes de los Ángeles y los entiendas con claridad. Al leer estas líneas ya estás en contacto con tus Ángeles, pues fueron ellos quienes pusieron este libro en tus manos. ¡Es momento de alimentar tu alma! ¡Comienza a vivir de la mano de los Ángeles!

¡Los Ángeles siempre están cerca de ti!

¿Cómo «trabajan» nuestros Ángeles y Arcángeles?

- Todos tenemos 2 o más Ángeles de la Guarda que nos acompañan toda la vida: mientras comemos, lloramos, amamos, educamos, estudiamos, dormimos…

- Ellos te aman sin condiciones.

- Ellos solo actúan si tú se los pides de corazón a través de un pensamiento, de una oración, una frase o simplemente con una petición. Los angelitos necesitan que les des permiso para que te puedan ayudar.

- No toman decisiones por ti, pero sí te guían.

- No tienen horario. A cualquier hora te pueden ayudar.

- Los angelitos son muy honestos y a veces no nos dan las respuestas que queremos escuchar.

- Ayudan de inmediato, aunque a ti te parezca que pueden tardar. Los tiempos divinos son perfectos.

- Los Ángeles se comunican contigo a través de imágenes, sensaciones, números, personas, plumas, mariposas, arcoíris… no trates de buscar explicación científica, disfruta los mensajes.

- Solo quieren que ¡SEAS FELIZ!

- No necesitas pertenecer a una religión específica para disfrutar de la magia de los Ángeles.

- Los mensajes de los Ángeles siempre son positivos y llenos de amor.

Guía de los Arcángeles

Arcángel Miguel

Significado: «El que es como Dios».

Su aura (color): Azul.

Ayuda a: Ser valientes. En la motivación. Nos da protección a nosotros y a nuestros seres queridos. A limpiar algún espacio de energías bajas. A subir nuestra autoestima. Nos proporciona orientación. A tener mucha fe en nuestras creencias.

Características: Siempre acude al instante, dándote seguridad y valor para hacer las cosas. Te proporciona una gran tranquilidad. Cuando está cerca de ti es posible que veas destellos de color púrpura a tu alrededor.

Arcángel Gabriel

Significado: «Mensajero de Dios».

Su aura (color): Cobre o blanca.

Ayuda a: Si buscas trabajo como periodista o en algún medio de comunicación te guía para que lo logres. Es el Arcángel de la fertilidad. Adopción de un niño. Guía los primeros años de tus hijos.

Características: Es fuerte y poderoso. Siempre que estás recibiendo su ayuda te sientes motivado y con mucha energía para hacer las cosas bien.

Arcángel Rafael

Significado: «El que sana».

Su aura (color): Verde esmeralda.

Ayuda a: Sanar adicciones. A eliminar o reducir antojos de comida que no necesitas. A ser clarividente. En la sanación de seres humanos y de animales. Te orienta durante las enfermedades. Cuando pierdes una mascota, te ayuda a recuperarla. A la protección en viajes, así como la armonía en ellos.

Características: Dulce, cariñoso y amable y sabes que está cerca cuando ves luces o destellos color verde esmeralda.

Arcángel Chamuel

Significado: «El que ve a Dios».

Su aura (color): Rosa.

Ayuda a: En todos los temas relacionados con el amor. A encontrar el alma gemela. A construir y fortalecer las relaciones. A decidir sobre una profesión. A la paz en el mundo. A encontrar objetos perdidos.

Características: Amable, dulce y cariñoso, sabes que está contigo cuando sientes mariposas en el estómago o cuando se te pone la piel chinita.

Arcángel Azrael

Significado: «A quien Dios ayuda».

Su aura (color): Blanca o crema.

Ayuda a: Sanar penas profundas. Brinda apoyo y consuelo a las personas que pierden a un familiar. Realiza «el paso» para las personas que están dejando este mundo: para que sientan paz y tranquilidad.

Características: Silencioso y sereno.

Arcángel Haniel

Significado: «Gloria de Dios».

Su aura (color): Blanca-azulada.

Ayuda a: Ser más optimistas. Con las habilidades sanadoras. A tener serenidad y paciencia.

Características: Silencioso, paciente y místico.

Arcángel Jeremiel

Significado: «Piedad de Dios».

Su aura (color): Púrpura.

Ayuda a: Con la clarividencia y visiones para que sean claras. A hacer cambios en tu vida y a que veas en dónde está la falla. En poder interpretar los sueños. Ayuda en el perdón.

Características: Si te preocupa el futuro pídele ayuda y empezarás a sentirte más relajado de que las cosas van por buen camino.

Arcángel Jofiel

Significado: «Belleza de Dios».

Su aura (color): Amarilla.

Ayuda a: Estar más enfocados a proyectos artísticos. Cambiar nuestros pensamientos negativos por pensamientos positivos y hermosos. A todas las personas que quieran decorar un hogar nuevo… ¡las guía! Cuando tienes una vida súper acelerada y quieres bajarle el ritmo.

Características: Tiene una energía radiante. Es muy divertido, agradable, amigable y positivo.

Arcángel Metatrón

Significado: El profeta Enoc.

Su aura (color): Rayas verdes y rosas.

Ayuda a: Las personas que tienen déficit de atención. Soluciona los problemas de los niños. Que puedas tener una conexión más cercana con tu espiritualidad.

Características: Es un gran motivador y te ayuda a dar pasos valientes.

Arcángel Raquel

Significado: «Amigo de Dios».

Su aura (color): Azul pálido.

Ayuda a: En situaciones de conflicto disminuye de inmediato la situación problemática. A la cooperación y la armonía en grupos y familias. Cuando conoces a alguien que ha sido tratada injustamente. Cuando se necesita darle poder a los que menos tienen. A mediar problemas. A poner orden.

Características: Es entusiasta y amigable.

Arcángel Raziel

Significado: «Secreto de Dios».

Su aura (color): Rayas del arcoíris .

Ayuda a: Con las manifestaciones. A poder entender mejor toda la información esotérica. A tener mejores habilidades psíquicas.

Características: Su presencia puede parecer muy sutil, pero entre más lo invoques más lo sentirás.

Arcángel Sandalfón

Significado: «El profeta Elías».
Su aura (color): Turquesa.
Ayuda a: Con la música. A entender muy bien cuál es el significado de tus plegarias. A decidir el sexo del bebé que aún no ha nacido.
Características: Cuando lo invocas debes estar muy al pendiente de cualquier palabra o canción que venga a tu mente porque probablemente será la respuesta.

Arcángel Uriel

Significado: «Dios es Luz».
Su aura (color): Amarillo pálido o roja.
Ayuda a: La narrativa. Con el clima. En la concentración cuando necesitamos estudiar mucho para un examen. Para creer más en lo espiritual. A resolver problemas de una manera fácil.
Características: Cuando notas que una nueva idea brilla en tu cabeza es porque Uriel está trabajando en tu petición.

Arcángel Zadquiel

Significado: «Rectitud de Dios».
Su aura (color): Azul oscura o morada.
Ayuda a: A tener compasión. A perdonarnos a nosotros mismos y a los demás. A aumentar la memoria. A recordar información importante.
Características: Ayuda a memorizar las cosas y a que tu mente trabaje rápidamente.

Dale la bienvenida a los Ángeles y Arcángeles a tu casa

*Cada vez que compres la figura o imagen de un Ángel
o Arcángel, dale la bienvenida al entrar a tu casa.
¡Festéjalo y «apapáchalo»!*

Necesitas: 1 figura o imagen de algún Ángel o Arcángel
(el que más te guste) / Flores blancas.

PASO 1: El ejercicio comienza desde que acudes a comprar la figura o imagen del Ángel o Arcángel. Es muy importante que antes de entrar a la tienda, le pidas a tus Ángeles de la Guarda que te guíen y que te lleven de la mano hacia la imagen o figura del Ángel o Arcángel que necesitas en tu vida: «*Angelitos de mi Guarda, abro mis sentidos para recibir su guía, me siento tan afortunada de que formen parte de mi vida y de mi hogar. Ustedes saben mis necesidades y quiero que me ayuden a elegir al Ángel o Arcángel que necesito en estos momentos*». Deja que tu energía trabaje y hazle caso a tus sensaciones, te llevarás una grata sorpresa.

PASO 2: El siguiente paso aplica por igual si compraste la figura o si te la regaló un ser querido. Antes de entrar a tu casa, toma entre tus manos la figura o imagen y con una enorme sonrisa repite las siguientes palabras de amor: «*Querido (di el nombre del Arcángel), te doy la bienvenida en mi casa, donde he vivido situaciones que me han llenado de felicidad y otras de tristeza y admito que estas últimas no sé cómo enfrentarlas. Te abro las puertas de mi hogar para sentir tu amor, tu guía, tus consejos… Deseo sentir tu ayuda y apoyo en esos momentos en los que los ojos se me llenan de lágrimas y siento un nudo en la garganta. Así como también festejar los momentos de alegría en mi vida*».

PASO 3: Acomoda la figura o imagen del Ángel o Arcángel en un rincón especial de tu hogar. Durante la primera semana obséquiale flores blancas como símbolo de armonía por su llegada.

PASO 4: Dedícale algunos minutos de tu día para platicar con tu Ángel o Arcángel e inclúyelo en tus oraciones. ¡Recuerda pedirle ayuda! Los angelitos solo trabajan si tú se lo solicitas. ¡Necesitan de tu permiso!

Nota: Este ejercicio también lo puedes usar para darle la bienvenida a los Ángeles y Arcángeles a tu trabajo o negocio.

Los Ángeles y Arcángeles quieren que sepas que te aman incondiconalmente

Crea tu altar de Ángeles y Arcángeles y comunícate con ellos

Necesitas: Figuras o estampitas de Ángeles o Arcángeles (los que tú prefieras o según tus necesidades) / 1 velita del deseo color blanca o vela blanca / Veladoras (2 o tres) / Cerillos de madera/ Flores (tus favoritas) / Música relajante (sonidos de naturaleza) / Cuarzos.

PASO 1: Elige un lugar especial en tu hogar para poner el altar (de preferencia en tu habitación).

PASO 2: Ponle «play» a la música relajante.

PASO 3: Enciende la velita del deseo color blanca con un cerillo de madera y colócala de manera segura en el lugar que elegiste para el altar.

PASO 4: Cierra los ojos y llama a tus Angelitos de la Guarda, platica con ellos: *«Queridos Angelitos que me acompañan siempre, bendigan este lugar que he elegido para ustedes y llénenlo con su* *energía divina. Abro todos mis sentidos para recibir su guía, sus consejos y su amor. Permito su ayuda todos los días. ¡Caminemos juntos! ¡Creo en ustedes y agradezco a Dios mi fe y su compañía!».* Esa paz que sientes al platicar con los Ángeles es porque te están acompañando.

PASO 5: Coloca las figuras o estampitas de los Ángeles o Arcángeles en ese rincón especial: no importa el orden, ni la posición… deja que tu corazón te guíe. Puedes colocar a un Arcángel, a varios o a todos, dependiendo lo que necesites en tu vida (checa las bendiciones de cada Arcángel en la guía al principio del libro). Sin embargo, siempre recomiendo que incluyas al Arcángel Miguel pues le tengo un cariño muy especial ya que es el Arcángel de las causas difíciles. Mientras colocas a cada Arcángel repite la siguiente oración: *«Arcángel (di el nombre), creo en ti… tu luz divina ilumina mi vida, tu luz divina ilumina mi hogar, tu luz divina ilumina mi alma… te quiero, te necesito… corrige mi camino».* Esta oración repítela con cada Arcángel.

PASO 6: Ahora acomoda las flores, (los Ángeles y Arcángeles tienen una conexión maravillosa con la naturaleza y les encantan las flores) y agrega los cuarzos.

PASO 7: Una vez montado tu altar, exprésale tu problema, duda o inquietud a tus angelitos y al Arcángel indicado. Mantente alerta a sus señales, puede ser una sensación, un pensamiento, un susurro… Lo importante del altar es que, cuando lo veas, recuerdes que los Ángeles están contigo y que te escuchan en cualquier momento.

PASO 8: Cuando quieras pedirles ayuda por alguna situación específica, enciende una velita del deseo o una veladora y colócala en el altar mientras les platicas tu problema. Los angelitos no nos prometen una vida perfecta, pero nos apoyan perfectamente en nuestra vida.

> *La luz de los Ángeles y Arcángeles le da brillo*
> *a tu vida… ¡no estás solo!*

Inicia bien el día de la mano del Arcángel Miguel

PASO 1: Al despertar o antes de salir de tu casa encomienda tu día al Arcángel Miguel con la siguiente Oración: «*Hermoso, poderoso y misericordioso Arcángel Miguel, rocía mi vida con tu luz brillante para llenarme de energía y protección. En este momento estoy abriendo la puerta para ir a vivir un día más tomado de tu mano y te pido que todas las personas que se crucen en mi camino me aporten: CRECIMIENTO, FELICIDAD Y ABUNDANCIA*».

El Arcángel Miguel ya tomó tu mano

Limpia tus cuarzos antes de usarlos

Antes de usar cualquier cuarzo tienes que limpiarlo de las energías adquiridas de sus anteriores dueños.

Necesitas: 1 cuarzo.

PASO 1: Coloca el cuarzo en el sol durante 5 o 6 horas y pídele ayuda al Arcángel Raziel (el Arcángel esotérico): «*Arcángel Raziel, con tu poderoso rayo arcoíris limpia este cuarzo y elimina cualquier energía psíquica adquirida de sus anteriores dueños, sin perder sus propiedades naturales*».

Nota: Te recomiendo mucho que apliques el paso 1, pero si por tiempo, te es imposible hacerlo, realiza lo siguiente: toma el cuarzo con tu mano guía, es la mano con la que escribes, y pon tu otra mano encima, llama a todos los Arcángeles y pídeles que limpien el cuarzo de cualquier energía que traiga y que solo dejen la tuya desde ahora y para siempre.

¡El poder del cuarzo está limpio y listo!

Para incrementar tu sensibilidad psíquica

*Todos tenemos el privilegio o el don de escuchar
a los Ángeles, pero, en ocasiones nos cuesta trabajo percibir
y entender sus mensajes. Así que aquí te dejo un sencillo
ejercicio para incrementar tu sensibilidad psíquica.*

Necesitas: 1 velita del deseo color blanca, vela blanca
o veladora pequeña blanca / 1 velita del deseo color verde,
vela verde o veladora pequeña verde / 1 velita del deseo
color morada, vela morada o veladora pequeña morada /
Cerillos de madera / 1 cuarzo transparente.

PASO 1: Elimina de tus pensamientos el «No Puedo». Inténtalo una
y otra vez, pero ¡ojo!, los mensajes de los Ángeles fluyen y aparecen
cuando menos te lo esperas, no los puedes forzar.

PASO 2: Por las mañanas, cuando te estés bañando, habla con el Arcángel Raziel (el Arcángel esotérico). Mientras el agua recorre tu cuerpo (recuerda que este líquido, además de significar vida, es un excelente medio de comunicación), pídele que despierte tu sensibilidad psíquica. Es una petición breve: *«Arcángel Raziel, limpia, purifica y maximiza mis canales psíquicos. Abre todos mis sentidos para recibir los mensajes angelicales y entenderlos. Mi misión es utilizarlos positivamente».*

PASO 3: Por la noche, enciende las 3 velitas del deseo (color blanca, morada y verde) con los cerillos de madera y colócalas juntas en una superficie segura. La velita verde te dotará de una perspectiva positiva de los mensajes. La morada abrirá tus canales psíquicos y la blanca será tu canal de comunicación con los Ángeles y Arcángeles.

PASO 4: Toma entre tus manos el cuarzo transparente y cierra los ojos por un momento. Imagina cómo unos rayos de los colores del arcoíris salen del cuarzo y se introducen en tu cuerpo recorriendo cada parte y eliminado cualquier «bloqueo». Esos rayos provienen del Arcángel Raziel y te están abriendo hacia el mundo psíquico.

PASO 5: Estarás muy sensible en los días posteriores, entendiendo los mensajes de los Ángeles y Arcángeles. Realiza este ejercicio por lo menos durante 3 días consecutivos.

El Arcángel Raziel te abre las puertas del mundo psíquico

Cambia tus pensamientos negativos por positivos

Todos los días y a todas horas nos pasa: nos juzgamos severamente, «nos tiramos al piso», nos gusta ser víctimas… Pero, ¿cómo eliminamos esos pensamientos o actitudes negativas? ¿Cómo nos cambiamos el chip?

PASO 1: En cuanto llegue a ti un pensamiento negativo, recurre al Arcángel Jofiel (el Arcángel de la belleza) con una frase sencilla: *«Quiero estar en Paz, busco darle luz a ese pensamiento oscuro».* También funciona con nuestras actitudes. Aquí te pongo unos ejemplos:

QUE NO DEBES HACER…

Nunca comentes que siempre tienes relaciones tóxicas porque te seguirán llegando.

MEJOR CAMBIA POR…

«El amor de mi vida está cerca de mí».

QUE NO DEBES HACER…

No permitas que nadie te trate de una manera poco grata.

MEJOR CAMBIA POR...

Rodéate de personas que utilicen palabras de amor.

QUE NO DEBO HACER...

Cuando estés frente al espejo, no te digas: «¡que fea estoy!».

MEJOR CAMBIA POR...

Mejor repite frente al espejo: «¡Soy feliz con mi apariencia, me quiero!».

QUE NO DEBES HACER...

Vestirte como te dicen los demás.

MEJOR CAMBIA POR...

Arréglate para ti y después para ti.

PASO 2: Respira profundamente. Cuando inhales siente cómo el amor y la paz entran hacia ti y cuando exhales saca todo lo negativo que hay dentro de ti. Este ejercicio es un trabajo de todos los días, ya verás cómo tu mente y tu actuar se vuelven más positivos poco a poco. Aquí lo importante es que comiences a tratarte con amor. Primero por ti y luego por los demás.

> *Los Ángeles te están susurrando al oído:*
> *«el cambio debe comenzar desde tu interior»*

Oración al Arcángel Haniel para generar pensamientos positivos

Necesitas: 1 velita del deseo color blanca, vela blanca o veladora blanca / Cerillos de madera.

PASO 1: Antes de dormir, coloca la velita del deseo color blanca en una superficie segura y préndela con un cerillo de madera. Realiza durante 9 días consecutivos, una oración al Arcángel Haniel (el Arcángel optimista).

PASO 2: Pronuncia la siguiente oración: «*Arcángel Haniel, Gloria de Dios; Arcángel Haniel, Gloria de Dios; Arcángel Haniel, Gloria de Dios; carga mi corazón con tus sentimientos puros, guía mis pensamientos negativos a positivos, ayúdame a ver todo aquello que no estoy viendo y por lo que tengo que estar agradecido y enséñame a expresar las ideas* *que vienen desde el corazón de Dios. Arcángel Haniel toma mi mano, bríndame tu optimismo y bendíceme con tus habilidades sanadoras. Arcángel Haniel contigo en mi vida yo soy feliz. Amén».*

El Arcángel Haniel ya escuchó tu oración

Meditación para perdonarnos

Para realizar este ejercicio trata de tener muy claro todas aquellas situaciones que quieres perdonarte: si ofendiste a alguien, algún pleito, dañaste a un ser querido, ciertas actitudes, golpes… e incluso, se vale perdonarte por permitir que alguien te haya maltratado. A veces cargamos con culpas que no nos corresponden.

Necesitas: 1 velita del deseo color blanca o vela blanca / Cerillos de madera.

PASO 1: Elige un lugar tranquilo en tu casa. Enciende con un cerillo de madera la velita del deseo color blanca o vela blanca y colócala sobre una superficie segura.

PASO 2: Mientras observas el movimiento de la flama llama a tus Ángeles de la Guarda y a TODOS, sí leíste bien a TODOS los Arcángeles (no tienes que mencionar sus nombres): *«Dios mío, tú que me estás oyendo envíame a mis angelitos y a TODOS tus Arcángeles… Hoy, en este momento, necesito que me abracen con su amor incondicional, que limpien mi corazón con su energía divina y lo llenen con paz, tranquilidad, pero sobre todo felicidad».*

PASO 3: Antes de continuar quiero avisarte que vivirás una «revolución» de sentimientos durante este ejercicio, pero ¡no tengas miedo!, las recompensas son muchas. Ponte en una posición cómoda, cierra los ojos, comienza a inhalar y exhalar lentamente. Poco a poco, comienza a platicarle a los Ángeles y Arcángeles la situación que te «atormenta» (puedes hacerlo en voz alta o solo en tu pensamiento). Es importante que les expliques cómo te sientes, explícales tu dolor... y también diles de qué te arrepientes.

PASO 4: Recuerda que en este momento estas rodeado de TODA la luz de los Ángeles y Arcángeles, quienes te están dando la mano así que pídeles ayuda: «*Queridos Ángeles y Arcángeles, arránquenme estos sentimientos tan dolorosos, esas ideas negativas que me dan vuelta en mi cabeza y no me dejan descansar. Necesito perdonarme para poder avanzar en todos los deseos de mi vida*».

Nota: Recuerda que tú puedes utilizar las palabras e ideas que te surjan en ese momento.

PASO 5: Aún con los ojos cerrados, enfócate en tu respiración. Cada vez que inhales, siente cómo la energía de todos los Ángeles y Arcángeles entra a tu cuerpo y cada vez que exhales, siente cómo esa energía saca esos sentimientos negativos. Al pasar los minutos la carga es más ligera porque has encontrado el origen de tus problemas y has comenzado a recorrer el camino para perdonarte.

> *Los Ángeles y los Arcángeles te están dando*
> *el mejor regalo: Paz interior*

Perdónate y perdona

*Todos cargamos con culpas… todos hemos cometido
errores… todos nos enfrentamos a situaciones
incómodas… todos nos hemos involucrado con personas
tóxicas… A todos «alguien» nos ha hecho daño…
Pero es hora de perdonar, de dejar de llevar sobre los
hombros cargas pesadas… De quitarnos esas sensaciones
de ira, odio o resentimiento sobre nosotros,
otra persona o situación.*

Necesitas: 1 velita del deseo morada o vela morada /
Cerillos de madera / 1 espejo.

PASO 1: Siéntate frente al espejo, enciende la velita del deseo color morada con un cerillo de madera y ponla en un lugar seguro entre el espejo y tú. Durante 2 minutos, obsérvate frente al espejo con cariño, con amor… Obsérvate a los ojos y disfruta de tu mirada.

PASO 2: Llama al Arcángel Zadquiel (el Arcángel del perdón): «*Zadquiel, Arcángel Zadquiel, Zadquiel, tú que estás «observándome» con tus ojos de piedad, estoy cansado de cargar con tantos resentimientos, son cargas pesadas y necesito que me guíes para poder perdonarme y perdonar a los demás desde el fondo de mi alma*».

PASO 3: Comienza una conversación contigo mismo en donde recuerdes esas situaciones o personas que te afectaron; o esos momentos en los tú actuaste mal. ¡Limpiar el pasado duele! Pero, en este proceso estás caminando de la mano de Dios y del Arcángel Zadquiel. Te están ayudando a que lo viejo se vaya. Toma el tiempo que necesites para platicar contigo.

PASO 4: Al finalizar dedícale las siguientes palabras a Dios: «*Me siento bendecido por tu amor, por tu ayuda para liberarme de las ataduras… y gracias por ponerme en el camino al Arcángel Zadquiel para que, con su guía, logre perdonarme y perdonar totalmente… ¡Me perdono y te perdono! ¡Me perdono y lo perdono! ¡Me perdono y perdono!*».

PASO 5: Cierra los ojos por 20 segundos y respira profundamente. Después abre los ojos y mírate en el espejo: sonríete y descubre cómo tu corazón se siente más ligero. Realiza este ejercicio las veces que lo necesites o por diversas situaciones. El perdón es un proceso de todos los días.

Estás a salvo porque Dios y el Arcángel Zadquiel están protegiéndote

Borra de tu mente: perdonar es sinónimo de perder

A lo largo de la historia nos han enseñado que perdonar es igual a «yo pierdo» o «estaba equivocado y tú tenías la razón». Por eso es importante que dejes de asociar el perdón como algo negativo porque lo único que ocasionas es bloquear y paralizar tu vida y que esta no avance con armonía. Y la realidad es que perdonar es algo positivo pues ¡te libera! Así que aprende a perdonar.

Necesitas: 1 velita del deseo color blanca o vela color blanca / Cerillos de madera.

PASO 1: Elige un lugar tranquilo de tu casa. Prende la velita del deseo color blanca con un cerillo de madera y colócala sobre una superficie segura.

PASO 2: Cierra los ojos. Llama al Arcángel Jeremiel (el Arcángel de la piedad y el perdón) y dale permiso para que entre a tus pensamientos: *«Por Piedad, Arcángel Jeremiel, enséñame el camino del perdón, enséñame a perdonar, transforma mis prejuicios en pensamientos amorosos, aclara mi mente, limpia mis pensamientos. ¡Quiero vivir los beneficios del PERDÓN! Quiero una vida sin remordimien-*

tos y tranquila. Divino Arcángel Jeremiel, ayúdame, ayúdame, ayúdame».

PASO 3: Inhala y exhala profundamente. Repite 3 veces las siguientes frases:

- «Perdonar es un acto de inmenso AMOR».
- «Perdonar es la bienvenida a la tranquilidad».
- «Perdonar es igual a fluir, volar... ¡Avanzar!».
- «¡Perdonar es un acto valiente del corazón!».

PASO 4: Repite este ejercicio durante varios días y mantente alerta a las señales del Arcángel Jeremiel. Es muy probable que durante el ejercicio, mientras mantienes los ojos cerrados, veas destellos color púrpura, eso significa que Jeremiel ha acudido a tu llamado y que te estará guiando en el camino del perdón. Perdonar, desde el fondo de tu corazón cuesta trabajo, pero no es imposible. Aunque es difícil de creer, también se aprende a perdonar. Cada día habrá avances, te sentirás sin ataduras... ¡No corras! Los tiempos divinos son perfectos.

> *Perdonar... ¡te libera!*
> *Atentamente, el Arcángel Jeremiel*

Collage del amor para que llegue tu alma gemela

Necesitas: 1 velita del deseo color rosa o vela rosa /
1 cartulina u hoja grande / 1 pegamento / Varias revistas/
Cerillos de madera / 1 figura o estampita
del Arcángel Chamuel.

PASO 1: Prende la velita del deseo color rosa o vela rosa con un cerillo de madera.

PASO 2: Mientras sostienes la velita con las dos manos, mira hacia el cielo y repite en voz alta y desde el corazón: «*Queridos Ángeles, guíenme hacía el amor de un ser maravilloso, mi corazón está listo para enamorarse*». Al finalizar tu afirmación, coloca la velita del deseo en una superficie segura y déjala que se consuma.

PASO 3: Comienza a recortar de las revistas, imágenes que ilustren cómo te imaginas a tu pareja, la familia que quieres formar y cómo quieres vivir esa relación… A la hora de seleccionar las imágenes y recortarlas, no te bases principalmente en el físico de las personas, sino en las emociones que quieres vivir a su lado como por ejemplo: elige parejas que rían mucho, parejas haciendo ejercicio, bailando, tiernos besos, niños jugando, familias viajando… Durante todo este proceso los angelitos te acompañarán.

PASO 4: ¿Cuántas fotos tienes que recortar? ¡No existe un número específico! Pero te recomiendo un mínimo de 10 imágenes. Pega los recortes en la cartulina (el orden o la posición no importan).

PASO 5: Coloca el collage en un rincón especial donde puedas verlo todos los días (por ejemplo en alguna de las paredes de tu habitación). Plasmar las ideas es una manera de decretarlas.

PASO 6: Junto a este collage coloca una figura o estampita del Arcángel Chamuel (Arcángel del amor). Cada día que observes este collage del amor repite lo siguiente: «*Mis angelitos… Arcángel Chamuel… necesito la ayuda de todos. Les entregó mi corazón, mis ideales sobre el amor y sé que a través de sus manos y su guía encontraré a la persona que me ame como soy*». Ahora deja que la magia corra por el universo. Así como tú, hay alguien allá a fuera esperándote.

Deja que los Ángeles trabajen en tu petición de amor

Mensajitos de amor para encontrar pareja

Necesitas: 1 velita del deseo color rosa o vela rosa / Hojas pequeñas o *Post its* / 1 pluma / Cerillos de madera.

PASO 1: Enciende la velita del deseo color rosa o vela rosa con un cerillo de madera y colócala sobre una superficie segura.

PASO 2: Inhala y exhala varias veces para despejar tu mente. Comienza a platicar con tus Ángeles, diles cómo te sientes respecto al amor, qué buscas, qué quieres… que necesitas su ayuda y sus señales. Termina con la siguiente frase: «*cobíjenme con sus alas de amor*».

PASO 3: Escribe en varios papelitos o *post its*, mensajes sobre cómo te gustaría que fuera tu pareja y cómo te gustaría sentirte junto a esa persona. En este ejercicio es muy importante que escribas los mensajes en tiempo presente como si ya los estuvieras viviendo. Escribe los mensajitos que quieras, pueden ser cortos o largos… en cuestiones del amor no existen límites.

Estas son algunas frases que puedes usar como ejemplos:

- «Estoy enamorada de un hombre que suma a mi felicidad».
- «Me gusta que mi pareja disfrute de su trabajo».
- «Lo admiro».

- «Todos los días me hace sonreír».
- «Es trabajador, responsable, bailador pero lo que más me gusta es que me llena de pequeños detalles».
- «Cada mañana, al despertar, me mira a los ojos y me dice: "te amo"».
- «Tenemos dos maravillosos hijos a quienes educamos con grandes valores».

PASO 4: Pega los papelitos en el espejo que uses al arreglarte todos los días. Cuando los estés pegando pídele a los angelitos de la siguiente manera: «*¡Angelitos estas son mis afirmaciones y sé que ustedes me ayudarán a alejarme de la persona equivocada y… ¡acercarme a la persona especial!*».

PASO 5: Cada mañana, mientras te arreglas, consciente o inconscientemente observarás los papelitos y sabrás que el amor se acerca. Deja los papelitos pegados hasta que encuentres el amor.

Los angelitos ya están trabajando en tu petición

EJERCICIO 13

Abre los brazos al amor

PASO 1: Al salir de tu casa y una vez que cruzaste la puerta, abre tus brazos y pídele, desde lo más profundo de tu alma, al Arcángel Chamuel (el Arcángel del amor y todos los asuntos del corazón): «*Arcángel Chamuel, estoy listo para enamorarme, guíame por el camino correcto y que encuentre a la persona que me haga feliz aún más de lo que ya soy. Ayúdame para que en este camino, las señales divinas que me envíes las entienda con claridad*».

Los angelitos pondrán el amor en tu camino, mantente alerta, las señales serán muy claras: pueden ser a través de sensaciones, canciones, frases, incluso esa persona especial se puede llamar como alguno de los Arcángeles como Miguel o Rafael. Tu corazón te dirá que es LA PERSONA ESPECIAL.

El Arcángel Chamuel ya escuchó tu oración

| 56 |

Señales de amor a través de los sueños

En ocasiones, tenemos ciertas «dudas» sobre el amor como:
«¿Seré feliz junto a (di el nombre de la persona)?
¿Debo iniciar un noviazgo con…? ¿Será un buen esposo…?
¿Debo regresar con mi ex?», por mencionar algunas
inquietudes. Pero, ¿sabes qué?, los Ángeles
pueden mandarte esas respuestas a través de los sueños.

Necesitas: 1 vaso / Agua natural.

PASO 1: 5 minutos antes de dormir, llena un vaso pequeño de agua natural.

PASO 2: Toma el vaso con las dos manos y colócalo en el centro de tu pecho. Cierra los ojos y exprésale a tus Ángeles tus dudas: «*Queridos*

Ángeles, *(menciona tu inquietud). Aconséjenme a través de los sueños y ayúdenme para que pueda entender con claridad sus señales».*

PASO 3: Inmediatamente después, tómate la mitad del agua y coloca el vaso con el sobrante en un lugar seguro cerca de la cama. Al tomarte el agua, el líquido llevará por todo tu cuerpo todas las intenciones que acabas de pedir.

PASO 4: Duerme y deja que los Ángeles hagan su trabajo.

PASO 5: Al despertar, agarra el vaso con las dos manos y vuelve a colocarlo justo a la mitad de tu pecho y repite: «*Angelitos, ahora necesito que me ayuden a recordar mis sueños*». Y tómate el resto del agua.

PASO 6: A veces no recuerdas todo lo que soñaste de inmediato por eso es muy importante que lleves un diario de tus sueños. Para que así, después de varios días, o incluso semanas, de realizar este ejercicio, al leer todas tus anotaciones, encuentres la respuesta que buscas. Las señales de los Ángeles son muy claras a través de los sueños, sin embargo, las respuestas no siempre son lo que esperábamos. Por ejemplo, si los angelitos no te ayudan a regresar a una relación pasada es porque no te conviene y sería un paso atrás en tu vida tanto sentimental como espiritual.

Los Ángeles te están enviando señales

Carta para encontrar el amor

Necesitas: 1 velita del deseo color rosa o vela rosa /
Cerillos de madera / Hojas de papel / 1 pluma /
Tu perfume favorito.

PASO 1: Coloca la velita del deseo en un lugar seguro y enciéndela con un cerillo de madera. Observa la flama fijamente mientras le pides a los Ángeles que te «envuelvan» de amor y que te acompañen durante todo este proceso.

PASO 2: Antes de comenzar a escribir la carta, repite lo siguiente: *«Angelitos de mi Guarda, soy amor, quiero amor, respiro amor... pongan en mi mente las mejores intenciones sobre el amor para poder plasmarlas en la carta que estoy por escribir y que les entrego para que me conduzcan hasta la persona correcta... Angelitos de mi guarda, soy amor, quiero amor, respiro amor...».*

PASO 3: Escribe una carta desde lo más profundo de tu alma (sé honesto con tus sentimiento e intenciones) describiendo los siguientes aspectos:

- ¿Qué significa para ti el amor?
- ¿Cómo te quieres sentir junto a esa persona?
- Menciona las cualidades de ese ser «especial».
- Describe su personalidad y sentimientos.
- ¿Cómo te gustaría que te tratara?
- ¿Quieres tener hijos?
- ¿Qué actividades (hobbies) te gustaría realizar con él o ella?
- En esta carta se vale que describas cómo te lo(a) imaginas físicamente… aunque sugiero que mejor menciones aspectos como: «le gusta practicar deportes» o «tiene un cuerpo atlético».
- ¿Qué creencias te gustaría que tuviera?
- No importa la extensión de la carta.

PASO 4: Cuando termines la carta, rocíala con tu perfume favorito. Dóblala y guárdala en tu mochila, en tu cartera, en tu bolsa… Cárgala contigo todos los días hasta que encuentres a esa persona que te está esperando para amarse. ¡Disfruta el camino!

Los angelitos han recibido tu carta;
¡espera sus noticias!

Decreto del amor

PASO 1: Durante 11 días por las mañanas repite el siguiente decreto del amor: «*Me amo a mi mismo. Veo amor en todo lo que me rodea porque veo a través de los ojos de Dios. Soy feliz porque mi alma está llena de amor. Sé que allá afuera hay alguien que está listo(a) para amarme*».

> *Con los Ángeles en tu vida, tu bandera
> de vida es el amor*

Desbloquea y atrae el amor con un cuarzo rosa

Un error común en el amor es depositar nuestra felicidad en la otra persona. Una equivocación constante en nuestras peticiones es la siguiente: «Quiero encontrar a una persona que me haga feliz». ¡Tenemos que cambiar ese chip! La felicidad depende de ti, nace de ti y se alimenta de ti. No deposites tu felicidad en otra persona. La realidad es que las demás personas vienen a sumar a tu felicidad. Recuerda que cuando eres feliz se nota y atraes felicidad. A continuación te diré cómo desbloquear esta energía y dejar atrás estas «mañas» para atraer el amor que requieres a tu lado.

Necesitas: 1 velita del deseo color rosa o vela rosa / Cerillos de madera / 1 joya con un cuarzo rosa (puede ser pulsera, aretes o collar) / 1 figura o imagen del Arcángel Chamuel (el Arcángel del amor) / 1 florero con rosas rojas.

PASO 1: Elige un rincón especial de tu habitación. Coloca la figura o imagen del Arcángel Chamuel y junto a él, el florero con las rosas rojas. Enciende tu velita del deseo color rosa con un cerillo de madera y ponla sobre una superficie segura frente al Arcángel Chamuel.

PASO 2: Habla con el Arcángel Chamuel, dale permiso para que entre en acción en tu corazón y en tus pensamientos. Pídele, pídele, pídele que ponga en tus manos el significado del amor, el verdadero amor, ese amor profundo: «*Arcángel Chamuel, tu corazón está cargado de amor y necesito que me ayudes a desbloquear mi energía dejando de depositar mi felicidad en alguien más, a cambiar mis afirmaciones de manera positiva y que no obstaculicen mi camino. Arcángel Chamuel, quiero aprender de ti el significado del amor para poder transmitirlo. Quiero vivir basado en el amor, quiero compartir con alguien el verdadero amor en pareja. ¡Enséñame!*»

PASO 3: Acércate a las rosas y aspira su aroma. El olor de las rosas rojas abre tu corazón y despierta tu sensibilidad sobre el amor. Cada vez que inhales, siente cómo la energía del Arcángel Chamuel recorre tu cuerpo y cada vez que exhales siente cómo se lleva esa energía, todos los prejuicios, los temores, las inseguridades y los falsos conceptos del amor. Todos esos mensajes que estás recibiendo son susurros del Arcángel Chamuel. Su presencia la puedes percibir a través de una sensación o un destello de luz rosada. ¡Disfrútalo!

PASO 4: Observa la figura del Arcángel Chamuel y platícale que estás abierta al amor y que dejas en sus manos tu petición. Descríbele lo que quieres basada principalmente en ti: «*Amoroso Arcángel Chamuel, ¡estoy listo para vivir el amor! ¡Para enamorarme de otra persona! ¡Guíame! Pon en mi camino a esa persona que está allá afuera para abrazarnos y compartir nuestras vidas. Esa persona que sumará a mi vida bellos momentos, experiencia, compasión, una familia, pero sobre todo, compartiremos felicidad. Dejo en tus manos el tiempo, pues sé que los tiempos divinos son perfectos. ¡Estoy lista Arcángel Chamuel!*».

PASO 5: Durante los próximos 22 días utiliza una joya con cuarzo rosa. Este color de cuarzo mantiene en sintonía la energía del amor con tu corazón y despierta tus sentidos para recibir con claridad los mensajes y bendiciones del Arcángel Chamuel sobre el amor. Puedes utilizar el accesorio durante el día y quitártelo para dormir.

> *El Arcángel Chamuel es muy claro:*
> *«¡viva el amor y vive el amor!»*

Decreto amor, romance y pasión

PASO 1: Repite por las mañanas y durante 22 días consecutivos el siguiente decreto guiado por el Arcángel Chamuel (el Arcángel del amor): «*Acepto el amor. Confío en mi intuición. Acepto el romance. Confío en mi intuición. Acepto la pasión en mi vida. Confió en mi intuición. Siempre basándome en el respeto hacia mí y los demás. ¡Mi corazón es bondadoso!*».

Ama, el Arcángel Chamuel se encarga del resto

Abraza un árbol para el desamor

Cuando te peleas con tu pareja, terminas con el «amor
de tu vida», te divorcias o te desilusionas de alguien
(amigo, familiar, compañero) y no sabes qué hacer con
ese dolor que se acumula en el centro de tu pecho...
¡abraza un árbol!

PASO 1: Sal a la calle, busca un campo, bosque o algún jardín, posteriormente elije un árbol y... ¡abrázalo fuerte! Grita, llora, desahógate (trae a tu mente todas esas imágenes de personas o situaciones que te hacen daño). Deja que la fuerza del árbol absorba todo el dolor de tu corazón. Los árboles son pilares de la naturaleza y crean oxígeno por lo que ayudarán a «filtrar» o «desintoxicar» tus sentimientos. Además, los Ángeles trabajan de la mano de la naturaleza al ser creaciones de Dios y muchas de sus señales las mandan a través del cielo, los animales, el viento, las mariposas o los arcoíris.

PASO 2: Después de unos minutos y mientras sigues abrazado del árbol, conversa con tus Ángeles, llama también a los Ángeles de la naturaleza y al Arcángel Chamuel (Arcángel del amor y de las relaciones sentimentales) y pídeles: *«Por el amor de Dios, mis angelitos y Arcángel Chamuel, ayúdenme a limpiar mis sentimientos, también a aclarar mi mente para tomar las mejores decisiones, así como para elegir las palabras adecuadas a la hora de comunicarme. No me desamparen ni de noche, ni de día en este nuevo camino que estoy recorriendo… te entrego mis dudas, te entrego mis miedos, te entrego este dolor para caminar más liviano».*

Permanece así el tiempo que sea necesario hasta que te sientas más ligero. En ocasiones tienes que realizar este ejercicio varias veces a la semana.

> *Los Ángeles de la naturaleza están*
> *limpiando tus sentimientos*

Medita frente al mar para sanar tras un divorcio

Si estás atravesando por un divorcio y estás viviendo una revolución de sentimientos en tu interior como miedo, incertidumbre, dolor, decepción, desilusión y hasta venganza... ¡Te tengo noticias! ¡Todas esas «emociones» tienen fecha de caducidad! Sí, el proceso puede ser largo, pero tú eliges cómo vivirlo: como víctima o eliminando esos sentimientos negativos con ayuda de los Ángeles. Además, recuerda que los Ángeles son muy sabios y si esa persona ya no formará parte de tu vida es porque te esperan cosas mejores. Sé que se escucha bonito mientras tu sientes que la «vida se te va», pero créeme que, después de realizar este ejercicio, te sentirás MEJOR (con mayúsculas). ¡Piensa positivo!

Necesitas: Viajar a una playa.

PASO 1: Te recomiendo viajar a la playa con un ser querido, alguien que sume a tu vida energía positiva. Realiza 2 meditaciones (una en la mañana y otra al atardecer) durante 2 días. Levántate muy temprano (7:00 am) y elige una zona muy tranquila de la playa. Siéntate, en una posición cómoda, frente al mar. Es muy importante que las olas toquen tus pies y sientas la arena mojada con el fin de conectar con el mar. Te preguntarás: ¿Por qué frente al mar? Porque el mar tiene una fuerza ilimitada capaz de limpiar y sonidos relajantes… Los Ángeles trabajan hombro a hombro con la naturaleza, pues además de que ambas son creaciones de Dios, los angelitos saben de sus poderes curativos y los usan para nuestro beneficio.

PASO 2: Cierra los ojos y respira profundamente varias veces. Trata de enfocarte en el sonido de las olas. Escúchalas y disfrútalas. Cuando te sientas listo, llama a tus Ángeles de la Guarda y al Arcángel Azrael (el Arcángel que sana las penas profundas) y pídeles ayuda frente al maravilloso e imponente mar: «*Divinos Ángeles de la Guarda y milagroso Arcángel Azrael, ayúdenme, ayúdenme, ayúdenme a sanar mi corazón, a despejar mi mente, a limpiar mi alma. Estoy cerrando un ciclo y tengo ciertas emociones que no sé cómo manejarlas, pero sí sé que me están haciendo daño: ¡las pongo en sus manos!*».

PASO 3: Aún con los ojos cerrados, vas a pedirle a tus Ángeles de la Guarda y al Arcángel Azrael que, a través de la fuerza del mar, se lleven todos esos sentimientos tóxicos que surgieron a raíz del divorcio y trata de mencionar esas emociones negativas que identifiques: «*Suelto el miedo. Suelto la frustración. Suelto el odio. Suelto la envidia. Suelto la angustia. Suelto la desilusión*». Cada vez que las olas toquen tus pies, siente cómo absorben ese sentimiento o pensamiento negativo y, cada vez que las olas se alejan, cómo se llevan todo aquello que te hace daño. Date todo el tiempo que necesites.

PASO 4: Poco a poco, las cargas serán menos y te sentirás más ligero. Abre los ojos lentamente y ponte de pie viendo hacia el horizonte. Extiende tus brazos hacia el mar y repite: «*Ahora mi cuerpo se carga de amor, armonía y paz… Ahora mi cuerpo se carga de amor, armo-*

nía y paz… Yo soy amor, armonía y paz». Quédate algunos minutos contemplando el mar.

PASO 5: Platícale y descríbele a algún ser querido la experiencia que acabas de vivir: Qué experimentaste, cómo te sientes, qué recuerdos vienen a tu mente y qué sensaciones invadieron tu cuerpo. Disfruta de esta comunicación pues será muy enriquecedora.

PASO 6: Entre las 6 y 7 pm realiza la segunda meditación del día. Vuelve a sentarte, en una posición cómoda, frente al mar. Deja que las olas toquen tus pies y siente la arena mojada para conectar con el mar. En esta ocasión no vas a cerrar los ojos. Vas a disfrutar de la maravillosa naturaleza. Deja que esa riqueza invada todos tus sentidos.

PASO 7: Llama una vez más a tus Ángeles de la Guarda y al Arcángel Azrael y cuéntales tu historia con esa persona desde un ángulo positivo: cómo la conociste, descríbeles algunos momentos felices que pasaron juntos, si tuvieron hijos, cómo fue su primer beso y quién formaba parte de su familia. En esos años de matrimonio también hubo momentos inolvidables, cuéntaselos.

PASO 8: Desde el fondo de tu corazón, vas a perdonar a tu ex esposo (a) y le enviarás bendiciones: «(Menciona el nombre de tu ex), *vuela, vive, ama… te envió mis mejores deseos por los momentos felices que vivimos juntos. ¡Qué Dios te bendiga siempre!*».

PASO 9: Antes de finalizar, hazle la siguiente petición al Arcángel Azrael: «*Mi adorado Arcángel Azrael, tú que tienes la energía para sanar las penas profundas, necesito de tu ayuda para superar este duelo, esta pérdida… en tus manos dejo mis emociones y mis sentimientos porque tengo fe en ti, porque tengo la esperanza de que pron-*

to estaré bien. Dame la fuerza durante todo este camino de sanación y ayúdame a abrir todos mis sentidos para entender claramente tus mensajes. Mi querido Arcángel Azrael te llevo en mi mente, te llevo en mi corazón y te llevo en mi alma… Deseo empezar una nueva etapa en mi vida y quiero que sea desde el AMOR».

PASO 10: Al día siguiente, repite las mismas 2 meditaciones (una en la mañana y otra al atardecer). Notarás que durante el proceso el «dolor» es menor. Es normal que se apoderen de ti nuevas sensaciones. Si son negativas, deja que el mar se las lleve. Incluso recordarás nuevas anécdotas y momentos cargados de felicidad, platícaselos a tus Ángeles.

> *El mar se llevó el dolor y los Ángeles te están ayudando a empezar una nueva etapa en tu vida*

Decreto para cerrar ciclos

PASO 1: Por las mañanas, repite el siguiente decreto guiado por el Arcángel Raquel (amigo de Dios) por 33 días consecutivos: «*Con tu Divina llave del tiempo, Arcángel Raquel, cierro esta etapa de mi vida: (menciona el trabajo, relación, asunto o problema). Agradezco las cosas buenas o aprendizajes adquiridos como también me perdono por los errores cometidos. Mis lágrimas quedan en el camino. Suelto la incertidumbre. ¡Te dejo atrás porque es tiempo de avanzar! Yo soy crecimiento, yo soy abundancia, yo soy prosperidad y abro nuevas puertas a oportunidades favorables*».

El Arcángel Raquel te ayuda a cerrar ciclos

Corta cordones con todo aquello que te afecte

A lo largo del día, puede que te topes con personas con quienes tuviste un pleito, una situación incómoda, una contestación hiriente o simplemente un mal momento... y te quedas «enganchado» en menor o mayor medida. También suele suceder con situaciones inesperadas que te hicieron «estallar» o que llevaron al límite tus emociones. Por eso es importante cortar cordones o lazos con esas personas o situaciones para que dejen de afectarte, aprendas a no engancharte y para que no te roben el sueño (como se dice coloquialmente). Y no me refiero a que dejes de hablar con esas personas por el resto de tu vida, (a muchas solo te las toparás unos segundos y jamás las volverás a ver), o que no enfrentes esas situaciones incómodas, sino que aprendas a que no te lastimen internamente y las andes arrastrando por siempre. Este ejercicio también lo puedes hacer con situaciones o personas que te afectaron en diferentes etapas de tu vida.

Necesitas: 1 velita del deseo color blanca o vela blanca / Música relajante / Cerillos de madera.

PASO 1: Realiza este ejercicio antes de dormir. Ponle *play* a la música relajante. Enciende la velita del deseo color blanca o vela blanca con un cerillo de madera y colócala en un lugar seguro al lado de tu cama. Mientras observas la flama, pídele a tus angelitos de la guarda que te acompañen en esta experiencia.

PASO 2: Acuéstate en tu cama. Cierra los ojos. Comienza a inhalar y exhalar profundamente durante un par de minutos. Relaja tus brazos, tu cuello y tus piernas. Cuando sientas tu cuerpo ligero, llama al Arcángel Miguel (el Arcángel valiente) y pídele que te envuelva en su luz azul. Poco a poco, siente cómo esa luz entra a tu cuerpo y recorre cada rincón. La experiencia está llena de paz, sientes paz. Posteriormente repite las siguientes palabras: «*Divino Arcángel Miguel, con la fuerza de tu espada corta todos los cordones que me atan a personas o situaciones que me ocasionan dolor, que me roban la paz, que me enganchan, que no me dejan dormir... Corta los cordones con tu espada... Corta los cordones con la fuerza de tu espada... Corta los cordones con tu poderosa espada...*».

Mientras la espada del Arcángel Miguel está cortando cada uno de esos cordones, tú podrás sentirlo de diferentes formas: como si te quitaran una carga pesada de encima, como una sensación de inmensa paz, «la piel chinita» o a través de lágrimas, por mencionar algunos ejemplos.

PASO 3: Vuelve a inhalar y a exhalar profundamente durante un par de minutos y deja que la milagrosa luz azul del Arcángel Miguel salga de tu cuerpo.

PASO 4: Ahora pídele ayuda al Arcángel Rafael (el Arcángel de la salud) para que sane tus heridas: «*Mi adorado Arcángel Rafael, con toda mi fe, necesito de tu poder de sanación, envuélveme en tu luz verde, recorre cada parte de mi cuerpo sanando mis heridas. Llévate* *lo viejo y lo que me hace daño... Bendito Arcángel Rafael, bendito Arcángel Rafael, bendito Arcángel Rafael».*

Mientras repites estas palabras, siente cómo esa luz verde del Arcángel Rafael lleva salud a cada parte de tu cuerpo, la sensación es reconfortante. Siente cómo, poco a poco, la luz verde también sale de tu cuerpo.

PASO 5: Abre los ojos lentamente y con una enorme sonrisa agradece la ayuda de tus Ángeles de la Guarda, al Arcángel Miguel y al Arcángel Rafael. Este ejercicio puedes realizarlo constantemente pues todos los días nos enfrentamos con situaciones o personas que nos «roban» energía.

> *Los Arcángeles Miguel y Rafael*
> *están sanando tus heridas emocionales*

EJERCICIO 23

Elimina tu obsesión
por embarazarte para lograrlo

Una cosa es querer ser madre y otra «obsesionarte»
con ser madre. Obsesionarte solo bloquea tu deseo.

Necesitas: 2 velitas del deseo color blanca o velas blancas /
Cerillos de madera / Hojas blancas / Pluma o lápiz /
1 figura o estampa del Arcángel Gabriel.

PASO 1: Enciende la velita del deseo color blanca con un cerillo de
madera y colócala en una superficie segura. Observa el movimiento
de la flama mientras platicas con el Arcángel Gabriel. Este Arcángel
significa «Dios es fuerza», así que te envía la energía y la fe que necesitas para que tu deseo se haga realidad: *«Querido Arcángel Ga-*
briel, quiero ser mamá, sin embargo, reconozco que, en mi cabeza, ese
deseo se ha convertido en una obsesión, pienso en ello todo el día y
hasta creo que no puedo concebir. Arcángel Gabriel ayúdame a elimi-
nar esos pensamientos pesimistas y mi actitud desesperada… Dejo en
tus manos mi petición y en Dios, los tiempos perfectos».

PASO 2: Con la compañía del Arcángel Gabriel escribe una carta
describiendo cómo te ves embarazada, qué valores le inculcarás a tu
hijo, por qué es tan importante para ti ser mamá… escribe todos

aquellos pensamientos de amor que te vienen a la mente. Antes de terminar la carta escribe las siguientes líneas: *«Arcángel Gabriel, tú que estás tan cerca de Dios, dame la guía que necesito para vivir esta ilusión con sabiduría y haz que pueda entender, de la mejor manera, cada una de tus señales para estar en paz y en armonía».*

PASO 3: Coloca la figura del Arcángel Gabriel en algún lugar especial de tu hogar y junto a él la carta. Deja que el cielo te mande ese maravilloso regalo. Incluye en tus oraciones diarias al Arcángel Gabriel y recuerda que solo a través del poder de tu oración suceden los milagros.

PASO 4: Cuando recibas la noticia de que estás esperando un bebé, realizarás lo siguiente: encenderás la otra velita del deseo color blanca o la otra vela blanca con un cerillo de madera y la colocarás en un lugar seguro. Posteriormente, tomarás la carta que escribiste y la quemarás con la flama de esa velita mientras le agradeces a Dios y al Arcángel Gabriel el milagro. Quemar la carta es una forma de compartir con el universo la felicidad que estás viviendo y de confirmar que «la fe mueve montañas».

> *El Arcángel Gabriel te está preparando para ser madre*

Perlas para lograr embarazarte

Necesitas: 1 pulsera, aretes o collar de perlas.

PASO 1: Realiza este ejercicio por las noches, antes de dormir. Acuéstate en tu cama, pon tus dos manos sobre tu vientre, cierra los ojos y pídele ayuda al Arcángel Gabriel (el Arcángel que ayuda a las mujeres a concebir, que protege durante los embarazos y que te aconseja durante la crianza de los hijos): «*Arcángel Gabriel, necesito de tu poder milagroso… cúbreme con tu luz blanca… arrópame con tu luz blanca… envuélveme con tu luz blanca…*». Inmediatamente siente cómo esa luz rodea todo tu cuerpo y se concentra en tu vientre.

PASO 2: Posteriormente llama al Arcángel Rafael (el Arcángel de la salud) y repite: «*Arcángel Rafael, creo en tu poder sanador… cúbreme con tu luz verde… arrópame con tu luz verde… envuélveme con tu luz verde…*». Ahora siente cómo esa luz rodea todo tu cuerpo y también se concentra en tu vientre.

PASO 3: Con la «presencia» del Arcángel Gabriel y Rafael a tu lado realiza tu petición, manifiéstales tus intenciones, no importan las palabras que utilices o si lo haces en silencio o en voz alta, acompañada de tu pareja o no, los Ángeles te entenderán perfectamente... Aquí un ejemplo: «*Mi mente está lista, mi cuerpo está listo, mi corazón está listo... Soy una mujer bendecida con el amor y soy inmensamente feliz. Hoy, Arcángel Gabriel y Arcángel Rafael, les pido que me ayuden para ser mamá, para dar vida a un ser hermoso y lleno de luz... Mi mente está lista, mi cuerpo está listo, mi corazón está listo...*». (Si tienes algún problema de salud que te impida embarazarte, este es el momento para entregárselo al Arcángel Rafael).

PASO 4: Realiza este ejercicio por 7 días y durante ese tiempo, utiliza algún accesorio (pulsera, aretes, broche o collar) de perlas, pues son las piedras preciosas de la fertilidad. Puedes usar el accesorio por el día y quitártelo por la noche.

El amor crece en tu interior

Bendice el crecimiento de tu bebé durante el embarazo

Acabas de recibir la noticia más hermosa de tu vida: «¡Estás embarazada!». Tus Ángeles de la Guarda y el Arcángel Gabriel quieren festejar y bendecir contigo esta noticia y una forma de hacerlo es agradeciéndole a Dios y a la naturaleza. Recuerda que los Ángeles y la naturaleza siempre trabajan juntos y, a través de un árbol, planta o flor, lograrás la conexión: hijo-naturaleza-Ángeles. ¡Ojo! Este ejercicio puedes realizarlo en cualquier etapa de tu embarazo pues protegerá el crecimiento de tu bebé durante toda su vida.

Necesitas: 1 árbol, planta o flor que crezca de buen tamaño, cuya edad sea de los mismos meses que lleves en tu embarazo.

PASO 1: Compra un arbolito, planta o flor (que más te guste) de la edad de los mismos meses que lleves en tu embarazo, por ejemplo: 2 meses de gestación. Te preguntarás: «¿por qué de la misma edad?», pues porque simbolizará el crecimiento de tu hijo.

PASO 2: Plántalo en una maceta de preferencia de color blanco. Si tienes un jardín en tu casa puedes plantarlo ahí.

PASO 3: Una vez que colocaste el arbolito, planta o flor en un lugar especial, párate frente a él, coloca tus manos en tu vientre y llama a tus Ángeles de la Guarda y al Arcángel Gabriel (el Arcángel de la fertilidad y protección de los bebés) para pedirles salud, sabiduría y protección durante el desarrollo de tu bebé: *«Mis angelitos de la Guarda, querido Arcángel Gabriel, hoy me siento realmente feliz porque dentro de mí está creciendo un bebé que será inmensamente amado. Desde el fondo de mi corazón les pido sus bendiciones para que mi bebé se desarrolle y crezca saludable. Agradezco a Dios y a la naturaleza por este regalo y así como cuidaré a mi hijo, también lo haré con este arbolito, flor o planta, y cada vez que lo vea crecer o florecer, me recordará la unión y conexión que existe entre Dios, los Ángeles, la naturaleza y nosotros».*

PASO 4: Este paso es opcional. Una vez que nazca tu bebé procura tomarle fotos junto al arbolito, flor o planta en diferentes épocas pues así notarás cómo tu hijo y la naturaleza van creciendo paralelamente. ¡Es un bonito recuerdo que alimentará tu alma!

Dios y los Ángeles de la naturaleza vigilan con amor tu embarazo

EJERCICIO 26

«Elige» el sexo del bebé con ayuda del Arcángel Sandalfón

*Aunque la naturaleza es muy sabia, el Arcángel Sandalfón
(el Arcángel profeta) puede ayudarnos a elegir el sexo
del bebé. Recuerda que los Ángeles y Arcángeles a veces
nos dan respuestas que no son las que esperábamos,
pero sí las que suman a nuestra felicidad
y las que entendemos al paso del tiempo. Este ejercicio
lo puedes hacer junto a tu pareja o tu sola.*

Necesitas: 1 velita del deseo color blanca o vela blanca /
1 papelito blanco / 1 pluma / 1 almohada/ Cerillos de madera.

PASO 1: Elige un lugar tranquilo de tu hogar, te recomiendo tu recá-
mara. Enciende la velita del deseo color blanca o vela blanca con un
cerillo de madera y colócala en una superficie segura.

Si estás con tu pareja... Tómense de la mano y mientras se miran a los ojos pídanle ayuda al Arcángel Sandalfón: «*Divino Arcángel Sandalfón, estamos felices por la noticia de que seremos papás y nuestro hogar se llena de dicha. Querido Arcángel Sandalfón, respetamos la decisión de Dios sobre el sexo de nuestro bebé, pero tú que estás cerca de él te pedimos que intercedas por nosotros para que sea (mencionan el sexo que desean). Lo dejamos en tus manos milagroso Arcángel Sandalfón. Sin embargo, el sexo de nuestro hijo cualquiera que sea, no será un impedimento para amarlo incondicionalmente, pues estamos preparados para recibirlo en el calor de nuestro hogar*».

Si estás solo... pídele ayuda al Arcángel Sandalfón: «*Divino Arcángel Sandalfón, estoy feliz por la noticia de que estoy esperando un bebé y mi hogar se llena de dicha. Querido Arcángel Sandalfón, respeto la decisión de Dios sobre el sexo de mi bebé, pero tú que estás cerca de Él te pido que intercedas por mí para que sea (mencionas el sexo que deseas). lo dejo en tus manos milagroso Arcángel Sandalfón. Sin embargo, el sexo de mi hijo cualquiera que sea, no será un impedimento para amarlo incondicionalmente, pues estoy preparado para recibirlo en el calor de mi hogar*».

PASO 2: Escribe en el papelito el sexo del bebé que deseas y dóblalo en 4 partes. Si estás con tu pareja puede hacerlo cualquiera de los dos.

PASO 3: introduce el papelito en la funda de la almohada que uses para dormir. Si estás con tu pareja, la persona que escribió el papelito lo va a introducir en la funda de la almohada que usa para dormir. Espera la sorpresa del Arcángel Sandalfón.

PASO 4: El Arcángel Sandalfón es muy aventurero y es muy probable que durante los próximos días te mande señales a través de los sueños (por eso se guarda el papelito en la almohada) o en las letras de canciones. ¡Mantente alerta para poder percibir las señales!

¡Los bebés son una bendición!
Atentamente, el Arcángel Sandalfón

Decreta el sexo de tu bebé

PASO 1: Mientras te estás bañando y el agua recorre todo tu cuerpo, pon tus manos sobre tu vientre y con toda tu fe y con la ayuda del Arcángel Sandalfón (el Arcángel profeta) decreta el sexo de tu bebé: *«¡El bebé que crece dentro de mi es (menciona el sexo del bebé)!»*.

Te preguntarás por qué haces el ejercicio mientras te bañas. Porque el agua es el medio de comunicación que lleva por todo tu cuerpo la información que estás decretando. ¡Ojo! No desperdicias agua pues el ejercicio dura un segundo.

PASO 2: Es muy importante que, durante tus oraciones, a cualquier hora del día, agradezcas a Dios por la bendición de estar embarazada y aunque te gustaría que tu bebé fuera (menciona el sexo del bebé que deseas), aceptarás la decisión divina cualquiera que sea y amarás profundamente a tu hijo, pues lo primordial es que nazca saludable.

El regalo más grande de Dios crece dentro de ti

Tranquiliza a tu bebé con la luz del Arcángel Gabriel

*Si tu bebé llora mucho, pídele ayuda al Arcángel Gabriel
(el Arcángel de los niños).*

PASO 1: Abraza a tu bebé para que sienta los latidos de tu corazón.

PASO 2: Llama mentalmente al Arcángel Gabriel y pídele que cobije a tu hijo con su luz blanca. Repite 3 veces las siguientes palabras con toda tu fe: «*Querido Arcángel Gabriel, abrázalo, tranquilízalo y devuélvele la alegría*».

Tu bebé está en las mejores manos

Oración para proteger el sueño de tus hijos

Necesitas: 1 velita del deseo color blanca o vela blanca / Cerillos de madera.

PASO 1: Después de que tus hijos pequeños se durmieron por la noche, enciende una velita del deseo color blanca con un cerillo de madera y colócala en un lugar seguro de tu casa. Elige un rincón acogedor.

PASO 2: Para esta oración necesitarás la protección de tus Ángeles de la Guarda y el Arcángel Gabriel (el Arcángel protector de los niños), así que llámalos: «*Angelitos de mi Guarda, les pido que todas las noches sean guardianes de mis hijos mientras duermen. Alejen de sus vidas cualquier miedo a la oscuridad. Que todo aquello que les asusta, sea transformado por pensamientos y sentimientos de paz y seguridad. ¡Llenen de brillo sus noches! Poderoso Arcángel Gabriel, tú que* tienes un inmenso amor por los niños, vela los sueños de mis hijos, que sean sueños agradables, llenos de magia y esperanza. Calma sus pesadillas y mejor muéstrales la grandeza de la vida. Mi querido Gabriel, haz que mis hijos duerman profundamente para que al despertar rindan al 100 por ciento en todas sus actividades y sus sonrisas contagien felicidad. Amén».

Realiza esta oración cada vez que la necesites. Las oraciones son música para los oídos de los Ángeles y esa rica música es la que escuchan tus hijos.

El Arcángel Gabriel protege el sueño de tus hijos

Oración para la protección de nuestros hijos

PASO 1: Por la mañana, después de abrazar o darles un beso a tus hijos, protégelos con la fuerza de los Arcángeles Miguel, Gabriel y Metatrón. Las oraciones de las madres hacia sus hijos son las más poderosas del universo pues los padres son los Ángeles terrenales de los hijos: «*Poderoso Arcángel Miguel, protege con tu rayo de luz azul de todo mal a mis hijos. Que a través de ese escudo azulado reboten todas esas energías negativas. ¡Enséñalos a ser unos guerreros del bien! Cauteloso Arcángel Metatrón, guíalos a encontrar las soluciones a sus problemas y aleja a todos aquellos que quieran hacerles daño. Por último, mis hijos son buenos niños, así que Arcángel Gabriel, haz que su luz atraiga a personas positivas a sus vidas, personas con las que compartan sonrisas, juegos y aprendizajes. Solo quiero que mis hijos sean felices y que me compartan sus alegrías. Queridos Arcángeles, me siento tranquila cuando ustedes abrazan a mis hijos*».

Tus hijos han sido protegidos con los escudos de los Arcángeles

---

Inculca a tus hijos el amor por los Ángeles

*Los niños perciben muy fácilmente
la presencia de los Ángeles: los ven, los escuchan y platican
con ellos. Y aunque los Ángeles son seres de luz muy
cariñosos, en ocasiones, los niños no saben
cómo asimilar ni entender, lo que están viviendo,
mucho menos describirlo, por eso es muy importante
que como padres les inculquemos
el AMOR hacia los Ángeles.*

PASO 1: Antes de hablar con tus hijos, medita unos segundos y pide la intervención divina del Arcángel Gabriel (el Arcángel que guía a los niños): «*Mi Arcángel Gabriel, tú que me has acompañado en el* *día a día de mis hijos, que me has guiado en la toma de decisiones para su bienestar, por favor, te pido que pongas en mi boca las palabras correctas para poder explicarles el AMOR de los Ángeles hacia ellos y que entiendan la existencia de ustedes como una bendición y una fortaleza en sus vidas».*

PASO 2: Cuando estés frente a tus hijos explícales con palabras sencillas los siguientes puntos, incluso puedes utilizar algunas imágenes para ilustrarlo:

- Los Ángeles los acompañan todo el día, a todas horas con el único fin de cuidarlos.
- Son seres de luz y pueden platicar con ellos cuando quieran.
- Son bondadosos.
- Explícales que no deben tenerles miedo y evita decirles que NO es cierta su existencia, pues lo único que harás es cerrar sus canales de comunicación.
- De manera amorosa, enséñales alguna oración sobre los Ángeles para que de su mano la recen antes de dormir.
- IMPORTANTE: Diles que, durante las noches, los Ángeles cuidan sus sueños.
- Como los niños pueden sentir la presencia de los Ángeles muy fácilmente, pídeles que te cuenten todo lo que ven, sienten o platican con ellos para que puedas orientarlos.

PASO 3: Después de platicar con tus hijos y ya cuando te encuentres solo, enciende una velita del deseo color blanca con un cerillo de madera y colócala en una superficie segura. Observa la flama en compañía del Arcángel Gabriel: *«Arcángel Gabriel, que tu luz se mantenga encendida en mis hijos, una luz que alimente su día a día de cosas positivas, una luz que mantenga unido el amor de mis hijos y* *el amor de los Ángeles. Guíalos para que ellos puedan entender ese mundo. En ti confío».*

Tus hijos están protegidos por el Arcángel Gabriel

Regala a tus hijos las 7 mariposas protectoras de los Arcángeles

Una de las formas como se comunican los Ángeles y Arcángeles con nosotros es a través de las mariposas. Cuando pedimos respuestas y aparecen, ¡son portadoras de buenas noticias! Por eso, este ejercicio consiste en bendecir a nuestros hijos con nuestros buenos deseos con ayuda de los Arcángeles y estos hermosos animalitos.

Necesitas: 1 velita del deseo color blanca, vela blanca o veladora blanca / Cerillos de madera / 1 tijeras / 1 pluma o lápiz.

PASO 1: Enciende la velita del deseo color blanca con un cerillo de madera y colócala sobre una superficie segura.

PASO 2: Observa la llama y dale permiso a los siguientes Arcángeles para que vengan a ti. Llámalos uno por uno: Arcángel Miguel, Arcángel Rafael, Arcángel Chamuel, Arcángel Jofiel, Arcángel Uriel, Arcángel Zadquiel y Arcángel Gabriel e invítalos a que te acompañen y guíen durante todo el ejercicio.

PASO 3: Recorta o dibuja 7 mariposas de los siguientes colores: azul, verde, rosa, amarillo, rojo, morado y blanco. Cada color representa a un Arcángel.

PASO 4: Escribe sobre cada mariposa una palabra que represente el deseo que quieres para tu hijo o hijos y los Arcángeles trabajarán en él. Puedes consultar la guía de las especialidades de los Arcángeles que viene al principio del libro. Trata de elegir esas palabras basándote en emociones, sentimientos o estados positivos.

Aquí algunos ejemplos:

- Mariposa verde (Arcángel Rafael): Salud o paciencia.
- Mariposa azul (Arcángel Miguel): Protección, valentía o fuerza.
- Mariposa rosa (Arcángel Chamuel): Amor, bondad, gratitud.
- Mariposa blanca (Arcángel Gabriel): Sabiduría.

PASO 5: Al terminar de escribir las palabras, pasa las palmas de tus manos sobre las mariposas para cargarlas de tu energía y buenos deseos; así como de la luz de los Arcángeles y repite: «*Amados Arcángeles, en sus manos pongo la estabilidad, seguridad y felicidad de mi hijo (o hijos). ¡Ámenlo(s)! ¡Guíenlo(s)! ¡Protéjanlo(s)! Bendigan estas mariposas con buenos deseos para mi(s) hijo(s)*».

PASO 6: Regala las mariposas a tu hijo o hijos desde el fondo de tu corazón. También puedes pegarlas en la pared de su habitación o guardarlas en alguno de sus cajones. Lo importante es decretar los buenos deseos y dejar que los Arcángeles se encarguen del resto.

El ejército de Arcángeles cuida cada paso de tus hijos

Regálate palabras de amor y sube tu autoestima

La manera más efectiva de elevar tu autoestima
es hablándote con cariño y regalándote palabras de amor.
¡Confía en ti y en tu fuerza interior! Vales mucho
tan solo por ser hijo de Dios. Este ejercicio hazlo todos
los días y notarás los cambios desde el día número 1,
pues atraerás cosas llenas de un brillo especial.

Necesitas: 1 espejo

PASO 1: Cada mañana, al arreglarte o vestirte frente a un espejo, regálate, literalmente, palabras y pensamientos positivos hacia tu persona. El Arcángel Zadquiel (el Arcángel de la compasión) te invita a que utilices las siguientes frases pues contienen un mayor poder para elevar tu autoestima:

- «Me amo, me amo, me amo».
- «Me acepto como soy».
- «Brillo con luz propia».
- «Soy feliz».
- «El amor es mi motor».
- «Soy una persona llena de bendiciones».
- «Me encanta mi sonrisa».
- «Me quiero y me respeto».

Además de estas frases puedes regalarte otras, las que se te vengan a la mente. Puedes pedirle ayuda al Arcangel Zadquiel para que ponga en tu boca las palabras que necesitas. Es importante que te las repitas muchas veces y desde el corazón.

> *El Arcángel Zadquiel es muy claro:*
> *¡háblate con amor!*

«Embellece» tu autoestima

PASO 1: Repite 3 veces diariamente, durante 33 días consecutivos, el siguiente decreto guiado por el Arcángel Jofiel (el Arcángel de la belleza y bondad): «*Soy Suficiente. Soy Valioso. Soy Irrepetible. Soy Armonía. Soy Humilde. Mi luz suma a mi vida y toca la vida de los demás*».

El Arcángel Jofiel hace más atractiva tu personalidad

Palabras para elevar tu confianza

Reemplaza de tus frases el PUEDO por el QUIERO.
Este sencillo cambio le da más fuerza a tus decretos,
a tus peticiones y acciones.

PASO 1: Ante cualquier oportunidad, repítete: «¡Lo quiero y me lo merezco!». Y, poco a poco, sentirás más confianza en ti mismo. ¡Así de sencillo!

Los Ángeles creen en ti

Elimina el estrés
y sube tu energía

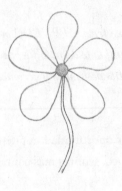

Cuando vives en constante estrés, tu luz y energía
disminuyen. Literal, andas «a media luz».
Para combatir este problema de origen necesitas
darle un «refresh» a tus pensamientos y aprender
a observar la belleza con la ayuda del Arcángel Jofiel.

Necesitas: 1 cuaderno / 1 pluma.

PASO 1: Durante 22 días (un número poderoso energéticamente) realiza el siguiente ejercicio. En las mañanas, al despertar encomiéndate al Arcángel Jofiel (el Arcángel de la belleza): «*Arcángel Jofiel, pongo en tus manos mis pensamientos. Llénalos de belleza y positivismo. Ayúdame a tomar decisiones inteligentes y basadas en el* amor. *Ayúdame a ver luz donde hay oscuridad. Ayúdame a ver a través de tus ojos la belleza de la vida».*

PASO 2: Sal a la vida y concéntrate en la belleza. Búscala en las palabras, en tus relaciones, en tus hijos, en la naturaleza y en ti. Sabrás distinguirla de inmediato y cada vez que la percibas deja que te recargue de energía. Esa es la energía más pura.

PASO 3: En tu celular o en un cuaderno, describe esas experiencias donde percibiste la belleza del día a día. Este «diario» de 22 días te liberará del estrés y te alimentará de sensaciones positivas. La reflexión guiada por los Ángeles eliminará el estrés.

Observa la belleza a través de los ojos del Arcángel Jofiel

Decreto para vivir en felicidad

PASO 1: Repite 2 veces diariamente, por 22 días consecutivos, el siguiente decreto guiado por el Arcángel Haniel (el Arcángel optimista): «*Soy un Ser de Luz. Me reconozco como un ser amoroso. Me acepto. Me quiero. Soy Feliz*».

> *El Arcángel Haniel te dice: «la felicidad*
> *no está en el exterior, habita dentro de ti»*

Oración para encontrar empleo

Necesitas: 1 velita del deseo o vela amarilla /
Cerillos de madera.

PASO 1: Al despertar por la mañana, en tu habitación, prende la velita del deseo color amarilla con un cerillo de madera y colócala en un lugar seguro. Con tus pensamientos llama a los Ángeles de la abundancia y permite que llenen con su energía tu entorno a través de la velita. Mientras se consume realiza tus actividades normales de la mañana.

PASO 2: Antes de salir de tu hogar, realiza la siguiente oración: «*Dios mío, estoy preparado y listo para trabajar en un empleo que me permita crecer, demostrar mis habilidades y que sea bien remunerado. Un empleo que además de satisfacer mis necesidades básicas me permita ser feliz. Angelitos de la abundancia renuncio a mis miedos, falsas limitaciones y a mi desesperación y sé que juntos elegiremos el camino correcto para alcanzar mi éxito profesional. Estoy seguro que al* *cruzar esta puerta encontraré a la brevedad un empleo digno. ¡Dios mío creo en tu grandeza!».*

Realiza este ejercicio las veces que quieras hasta encontrar el trabajo ideal.

Dios sabe tus necesidades, ¡confía y espera!

EJERCICIO 39

¡Sé claro! Pide el trabajo que deseas, ¡no te limites!

Muchas veces, a la hora de pedirles ayuda a los Ángeles o Arcángeles dudamos en nuestros deseos: «Sí, pero no» o pedimos a medias pensando que los Ángeles nos ayudarán más rápido. ¡Esto no funciona así! A la hora de hacer nuestras peticiones tenemos que ser muy claros, específicos y sí es necesario ser detallados. Los Ángeles jamás se van a «burlar» de tus deseos, pídeles hasta cuánto dinero quieres ganar, que no te de pena, al contrario, juntos encontrarán el camino. ¡Los Ángeles quieren verte feliz!

PASO 1: Antes de salir de tu casa por las mañanas, haz tu petición sobre el trabajo que quieres a tus Ángeles de la Guarda. Por ejemplo: *«Mis queridos Ángeles de la Guarda, quiero un trabajo con un horario amigable, que sea en las mañanas y salga a buena hora para poder convivir con mi familia. Les pido que mi lugar de trabajo esté cerca de mi casa para que mis trayectos no sean largos y pueda invertir ese tiempo en actividades personales más enriquecedoras. Quiero un trabajo que me permita explotar mis habilidades con éxito y con un sueldo satisfactorio para pagar mis cuentas».*

Puedes agregar en tu petición aspectos más específicos sobre el trabajo que deseas: contabilidad, informática, despacho de abogados, etcétera. Repite este ejercicio las veces que lo necesites.

> ## Tus Ángeles de la guarda te pondrán
> ## en el camino correcto

Para triunfar en una entrevista de trabajo

PASO 1: Cinco minutos antes de entrar a tu entrevista de trabajo, pídele ayuda al Arcángel Miguel (el Arcángel valiente) a través de tu pensamiento: «*Querido Arcángel Miguel, por favor hazme brillar con tu sabiduría, hazme brillar con el poder positivo de tu energía… Pon en mis respuestas las palabras adecuadas… Confío en que si este trabajo es para mí me ayudarás a obtenerlo y si no, me alejarás de este camino*».

El Arcángel Miguel está detrás de tus palabras

Para encontrar trabajo

*¡Motivación! En ocasiones, conforme van pasando
los días sin encontrar trabajo, perdemos la motivación,
en otras, buscamos trabajo sin querer encontrarlo
y muchas veces, nos da flojera salir a buscarlo
y nos falta ese «empujoncito». Bueno pues ese impulso
se llama: VOLUNTAD.*

Necesitas: 1 velita del deseo color blanca o vela blanca /
1 velita del deseo color rosa o vela rosa /
Cerillos de madera.

PASO 1: Todas las mañanas, prende una velita del deseo color blanca con un cerillo de madera y colócala en un lugar seguro.

PASO 2: Cierra los ojos y desahógate con el Arcángel Miguel (el Arcángel valiente) pídele orientación, motivación y una buena dosis de adrenalina para recargar pilas de fe. Pregúntale qué necesitas para encontrar un lugar de trabajo en… (menciona la empresa o el puesto de trabajo). Y en ese silencio, en esa charla, el Arcángel Miguel te dará respuestas.

PASO 3: Prepara tu currículum vitae y cuando estés frente a tu computadora listo para mandarlo a las empresas donde deseas trabajar dedícate unos minutos a realizar lo siguiente: enciende la velita del deseo color rosa con un cerillo de madera y colócala en una superficie segura cerca de tu computadora y respira profundamente.

PASO 4: Pídele su compañía al Arcángel Chamuel (el Arcángel de las oportunidades) para encontrar el trabajo ideal: «*Arcángel Chamuel, tú que ves a Dios y que estás ahorita junto a mí, hombro a hombro, te pido tu guía para que me ayudes a encontrar un trabajo en donde me sienta satisfecho y feliz. En el que pueda hacer uso de mis talentos y aptitudes y pueda tener la abundancia económica que necesito para mí y mi familia. Arcángel Chamuel, por favor, que mis solicitudes lleguen a las manos correctas y así tenga un trabajo digno lo más pronto posible*».

PASO 5: Envía tu currículum vitae y deja el resto en manos de los Arcángeles Miguel y Chamuel.

¡Felicidades! Tu currículum vitae lleva un brillo especial y en este momento está siendo evaluado

Brilla (actitud) en una entrevista de trabajo

Además del talento y la preparación, la imagen y
lo que proyectas es muy importante a la hora de acudir
a una entrevista de trabajo. ¿Cómo saber qué prendas usar
y qué actitud tomar durante la entrevista?
¡Deja que te guíe el Arcángel Jofiel (el Arcángel
de la belleza y buenas palabras)!

PASO 1: En cuanto te despiertes ese día de la entrevista de trabajo, pídele al Arcángel Jofiel que guíe todos tus pasos: desde la ropa que debes usar para causar una buena impresión hasta la actitud que debes tomar para captar la atención de la persona que te entrevistará: *«Arcángel Jofiel, confío en tu buen gusto, confío en tu buen decir, confío en tu contagiosa y agradable personalidad y confío en que, con tu luz unida a la mía, brillaré como nunca. Hoy salgo a triunfar».*

El Arcángel Jofiel te acompaña en tu éxito

EJERCICIO 43

Logra un aumento
de sueldo con éxito

Necesitas: 1 imagen del Arcángel Gabriel.

PASO 1: Minutos antes de entrar a hablar con tu jefe y solicitarle un merecido aumento de sueldo, vas a pedirle asistencia al Arcángel Gabriel para que durante la charla todo fluya a tu favor y tu petición sea un éxito. Toma entre tus manos la imagen del Arcángel Gabriel, respira profundamente y repite las siguientes palabras: *«Arcángel Gabriel, te pido que me acompañes en este momento para que todo salga de maravilla, guía mis palabras, resalta mis virtudes y habilidades; que mi trayectoria laboral y mis logros dentro de la empresa brillen por sí solos. Que mis motivos sean convincentes. Sé que voy por buen camino y los resultados serán favorables para conseguir ese aumento de sueldo. Gabriel creo en ti y creo en mí».*

PASO 2: Guarda la imagen en alguna bolsa de tu ropa para que te acompañe durante el encuentro con tu jefe. Y recuerda entrar con decisión y seguridad porque el Arcángel Gabriel camina junto a ti.

> *Las respuestas siempre son las correctas*
> *con la ayuda del Arcángel Gabriel*

Decreto y pienso en grande, sueño en grande, soy grande

PASO 1: Todas las mañanas, repite el siguiente decreto por 22 días: «*Divinos Ángeles de la Guarda, mis sueños son grandes, mis pensamientos son grandes, yo soy grande. Renuncio a los temores, a las limitaciones, a la duda y les pido que alejen de mi camino todo aquello que no sume. Mi objetivo es grande en expectativas, grande en bondad, grande en luz y brillo. Permitan que mi sueño esté arropado de bienestar, felicidad y energía positiva. Ángeles de la Guarda llenen mi corazón de bien porque el bien es mi bandera. Amén*».

> *Los Ángeles de la guarda te acercan cada vez más a tus sueños*

Pregúntale al Arcángel Miguel ¿cuál es tu misión en la vida?

Necesitas: 1 velita del deseo color blanca, vela blanca o veladora blanca / Cerillos de madera / Música relajante.

PASO 1: Elige un lugar cómodo de tu casa y ponle *play* a la música. Deja que los ritmos suaves te tranquilicen poco a poco.

PASO 2: Enciende la velita del deseo color blanca con un cerillo de madera y colócala en una superficie segura.

PASO 3: Acuéstate sobre tu cama o sobre un sillón. Cierra los ojos. Comienza a inhalar y a exhalar profundamente hasta que tu cuerpo se relaje. Concéntrate en la música.

PASO 4: Después de unos minutos, llama al Arcángel Miguel (el Arcángel guía) y platícale cuáles son tus dudas sobre el camino que debes elegir o hacia dónde va tu vida. Aunque te recomiendo que seas más directo y le preguntes: «*¿Cuál es mi misión de vida?*». Es muy probable que durante este ejercicio veas destellos color azul o blanco, es la energía del Arcángel Miguel que está presente.

PASO 5: También pídele que abra todos sus sentidos para entender sus mensajes, señales o consejos. El Arcángel Miguel te responderá de inmediato, incluso mientras realizas este ejercicio. Pero también puede darte respuesta en los próximos días y hasta en tus sueños.

El Arcángel Miguel camina junto a ti y te guía

Atrae el éxito a tu vida

El éxito es un accesorio que debemos utilizar todos los días.
El éxito no se alcanza, sino que se vive minuto a minuto.

PASO 1: Al salir de tu casa, observa hacia el cielo y piensa en el Arcángel Gabriel (el mensajero de Dios). Imagina cómo la luz color cobre del Arcángel Gabriel desciende hacia a ti y te abraza cargándote de fuerza y vitalidad. ¡Disfruta esa sensación!

PASO 2: Respira profundamente y di en voz alta: «Arcángel Gabriel yo soy ÉXITO!».

> *El Arcángel Gabriel ya entregó tu mensaje*
> *al universo; así que sal a brillar*

Oración para la abundancia

Necesitas: 1 velita del deseo color amarilla, vela amarilla o veladora amarilla / Cerillos de madera.

PASO 1: Durante 8 días consecutivos dedícale esta oración a los Ángeles de la abundancia. Después de que prendas tu velita del deseo color amarilla con un cerillo de madera, observa su flama mientras rezas: «*Generosos Ángeles de la abundancia, en estos momentos no sé cómo retomar el camino económico saludable, pues mis decisiones no han sido las mejores y necesito su ayuda para resolver mis problemas financieros. Me he equivocado, me he quejado por no tener más que los demás e incluso no he disfrutado lo que tengo a mi alrededor, pero estoy cambiando y sé que en esta etapa de transición me ayudarán con su guía para salir de este estrés económico. Les pido que quiten de mi boca las palabras de limitaciones que no están permitiendo que fluya el dinero de la mejor manera, eliminen mi enojo por las situaciones del pasado y pongan frente a mí las oportunidades que tengo*

que abrazar para que esto cambie y mejore. ¡Con ustedes fluyo, en
ustedes confió! Amén».

Los Ángeles de la abundancia ya escucharon tu oración

Para superar una crisis financiera en tu vida

Necesitas: 1 cheque en blanco (que ya no vayas a usar) o 1 hoja en blanco / 1 pluma / 1 tijeras / 1 velita del deseo color amarilla, vela amarilla o veladora amarilla / Cerillos de madera.

PASO 1: Recorta la hoja blanca en forma de cheque bancario o puedes utilizar un cheque en blanco que ya no vayas a usar.

PASO 2: En el papel en forma de cheque escribe la fecha en la parte superior derecha. Al centro escribe el siguiente importe: «*Mi deuda queda saldada. Estoy abierto a recibir toda la abundancia económica que necesito*». En la parte inferior derecha firma el cheque.

PASO 3: Dobla el cheque y pide ayuda a los Ángeles de la abundancia: «*Queridos Ángeles de la abundancia en ustedes confío. Dejo en sus manos mis finanzas y sé que con sus consejos y guía tomaré decisiones con sabiduría. Que este cheque sea mi pase para resolver mi situación económica y mi acceso a la abundancia. Además les pido que me cobijen con su energía pues esta "crisis" ha alterado mi paz. Pero sé que ahora están junto a mí llenándome de tranquilidad. La abundancia soy yo, la abundancia está en mí*».

PASO 4: Guarda el cheque en tu cartera, bolsa, monedero o debajo de la figura o imagen de tu Ángel de la abundancia o en tu cajita de los deseos.

PASO 5: Cuando tu situación económica empiece a mejorar, enciende la velita del deseo color amarillo con un cerillo de madera. Con la flama de la velita quema el cheque y mientras se consume agradece a los Ángeles de la abundancia.

> *Los Ángeles de la abundancia son muy generosos y bondadosos*

EJERCICIO 49

Decreto para que el dinero te rinda y se multiplique

PASO 1: Realiza este ejercicio durante 44 días consecutivos. Si puedes realizarlo a las 4:44 de la tarde, ¡mejor! Párate frente al espejo y, mientras te miras a ojos, repite con toda tu fe el siguiente decreto: «*Soy afortunado porque los Ángeles de la abundancia viven en mí. Su energía se concentra en mis manos multiplicando mi dinero. Mi dinero me rinde, mi dinero crece, mi dinero fluye en mi día a día y ¡mi dinero suma! Todo el dinero que entra a mi vida alcanza y ¡CRECE! Ángeles de la abundancia junto a mí, yo soy prosperidad*».

---

*Piensa en grande, piensa en crecimiento
y disfruta de la abundancia*

Activa el flujo
del dinero

¿Cuántas veces te has quejado al realizar un pago?
¿Cuántas veces te sientes triste por la falta de dinero?
¿Cuántas veces lamentas porque no te alcanza
la quincena? Esa actitud de queja, tristeza,
lamento… está frenando la energía de la abundancia.
Recuerda que los «temores» aparecen en cuestión
de segundos y atraen angustia y estrés. El ejercicio
«dar para recibir" te ayudará a cambiar el chip
y elevar tu energía a la prosperidad. Esta práctica
ha existido durante siglos y en diferentes religiones
o disciplinas y, hoy, los Ángeles de la abundancia
me han pedido que lo comparta contigo.

PASO 1: El proceso es muy sencillo: paga con la mano derecha y recibe el cambio con la mano izquierda (con la mano derecha significa que lo haces de buena fe y con la izquierda materializas). Es muy importante que en ese movimiento llames a los Ángeles de la abundancia y repitas: «*la abundancia está impregnada en mis manos, multiplícamela*». Cualquier pago que realices en efectivo o con tarjeta hazlo con gratitud, esa es la clave para que el dinero regrese a ti. Poco a poco este ejercicio formará parte de tu día a día y verás cómo la abundancia llegará a tu vida.

Los Ángeles de la abundancia saben tus necesidades

EJERCICIO 51

Más dinero en tu vida

Necesitas: 1 estampita del Arcángel Uriel / 1 billete de 100 pesos, de 1 dólar o de 10 euros.

PASO 1: Dobla el billete a la mitad y en el centro coloca la estampita del Arcángel Uriel (el Arcángel que resuelve problemas de manera fácil).

PASO 2: Coloca el billete y la estampita entre tus dos manos y realiza la siguiente oración: «*Divino Arcángel Uriel, acompáñame en mi camino a la prosperidad. Abro mi vida a la abundancia, multiplica mi abundancia… Abro mi vida a la abundancia, multiplica mi abundancia… Con tu energía celestial dirige de manera positiva mi economía para que rinda en todos los aspectos de mi vida… Arcángel Uriel, multiplica mi abundancia*».

PASO 3: Guarda el billete con la estampita en tu bolsa o cartera y disfruta de las bendiciones del Arcángel Uriel. Lo importante es que lo lleves contigo todos los días. ¡Ojo! Jamás repitas frases como: «No tengo dinero» porque atraes eso a tu día a día.

El Arcángel Uriel protege tu economía

Decreto ¡soy abundancia!

PASO 1: Durante 44 días consecutivos, al despertar por las mañanas, pídele a los Ángeles de la abundancia que rocíen tu ser con su luz dorada de atracción para dos cosas: 1— Que la fuerza de su luz limpie todo aquello que esté impidiendo que llegue la abundancia en todas las áreas de tu vida y 2— Que el poder de atracción de la luz dorada cumpla su función de sumar y sumar beneficios y bienestar en tu día a día.

PASO 2: Repite el siguiente Decreto mentalmente o en voz baja. Incluso lo puedes hacer frente a un espejo y mientras te miras a los ojos: «*Soy Atracción. Soy Crecimiento. Soy Decisión. Soy Fortaleza. Soy Flujo. Soy Economía. ¡Bienvenida la abundancia a mi vida!*».

> *Abraza las bendiciones de los Ángeles*
> *de la abundancia*

Oración para acabar con las autolimitaciones

Necesitas: 1 velita del deseo color blanca, vela blanca o veladora blanca / Cerillos de madera.

PASO 1: Al despertar, coloca la velita del deseo color blanca en una superficie segura y préndela con un cerillo de madera. Llama al Arcángel Zadquiel (el Arcángel del perdón) y reza durante 22 días consecutivos la siguiente oración: «*Poderoso Arcángel Zadquiel, utiliza tu fuego violeta para liberar mis sentimientos y pensamientos de toda autolimitación para transmutarlos en pureza y perfección. Elimina de mi día a día los "no puedo", los "no tengo" y los "es imposible". Hoy decido perdonarme por ser mi propio obstáculo y abrazo a partir de ahora, una vida en crecimiento. Arcángel Zadquiel, toma mi mano y no me sueltes en esta nueva etapa de mi vida. Amén*»

El Arcángel Zadquiel ya escuchó tu oración

Decreta, pide y agradece el día de tu cumpleaños

El día de tu cumpleaños es muy poderoso energéticamente para ti. Ese día las puertas del cielo y del universo se abren favoreciéndote. Incluso, los Ángeles celebran junto a ti y, tus palabras, son bien recibidas por ellos. Tus peticiones se potencializan y tus sentidos están extremadamente sensibles para percibir y transmitir. Por eso es muy importante realizar este ejercicio el día de tu cumpleaños o un día después (pues la energía aún se conserva).

Necesitas: 2 velitas del deseo color blancas, velas blancas pequeñas o veladoras blancas pequeñas / 1 velita del deseo color verde, vela verde o veladora verde pequeña / Cerillos de madera / 2 hojas en blanco/ 1 pluma o lápiz / 1 imagen

o estampita del Arcángel Gabriel /
Pétalos de una flor blanca.

PASO 1: Por la mañana, enciende la velita del deseo color blanca con un cerillo de madera y colócala en una superficie segura. Llama al Arcángel Gabriel (el mensajero de Dios y el Arcángel que nos vio nacer y quien nos ha cuidado año con año desde que somos pequeños) y pídele que te acompañe durante este ejercicio.

PASO 2: Escribe en una hoja, a manera de decreto, qué quieres y cómo te visualizas en este nuevo año de vida que estás por iniciar. Pueden ser aspectos de tu vida personal, emocional, material o profesional (no toques temas de salud que para eso es la segunda velita). Trata de no escribir más de 10 cosas y escribe tus peticiones o decretos en presente, como si ya los estuvieras viviendo.

Por ejemplo:

- *Vivo en bienestar y en paz.*
- *Mi negocio de comida es el número 1 y me da para vivir como quiero.*
- *Estoy enamorado de una persona que admiro y que suma a mi felicidad.*

PASO 3: Cuando termines de escribir, coloca la estampita o imagen del Arcángel Gabriel al centro de la hoja y dóblala en 4 partes. Lo importante es que la hoja con tus decretos o peticiones envuelvan al Arcángel Gabriel. Y mientras realizas este paso, repite lo siguiente: «*Arcángel Gabriel, mensajero de Dios y el universo, comunícales mis deseos para que juntos trabajemos en ellos hasta alcanzarlos. Somos equipo, somos uno y tenemos el siguiente objetivo: ¡Crecer, amar y ser feliz!*».

PASO 4: Guarda el papel en alguno de tus cajones de ropa para que además se cargue de toda tu esencia.

PASO 5: Por la tarde enciende la velita del deseo color verde con un cerillo de madera y ponla sobre una superficie segura. En esta ocasión habla con el Arcángel Rafael (el Arcángel de la salud) y dale permiso para que te ayude en esta parte del ejercicio: «*Arcángel Rafael, gracias por un año más de vida y ¡sano! Te pido que en este nuevo ciclo de 365 días que inicio me bendigas con tu don más valioso: ¡La salud!*».

Si padeces alguna enfermedad repite lo siguiente: «*Arcángel Rafael, gracias por un año más de vida. Te pido que con tu luz verde esmeralda elimines de mi cuerpo (menciona el mal que tienes) para vivir en plenitud. Soy fuerte, tengo fe, vivo en la esperanza, pero sobre todo, creo en ti y en Dios milagroso. Este año que inicio, lo inicio con la mente sana y el cuerpo sano*».

PASO 6: Escribe en la otra hoja: «*¡Soy salud!*», y dóblala en 4 partes. También aplica este paso para una persona que sufre alguna enfermedad.

PASO 7: Guarda esta hoja en el mismo cajón junto a tu hoja de peticiones. Déjalas ahí todo el año. Pues cuando cumplas un año más y las remplaces por unas nuevas, te darás cuenta cómo los Ángeles trabajaron junto a ti.

PASO 8: Antes de dormir, toma la otra velita blanca y con un cerillo de madera, enciéndela. Ponla en un lugar seguro. Mientras observas la llama que es el puente de comunicación con tus Ángeles y Arcángeles, cántate las mañanitas en voz alta o mentalmente. En este momento, los Ángeles y Arcángeles están cantando contigo. ¡Están celebrándote!

PASO 9: Cierra los ojos y, desde el fondo del corazón, diles: «*Gracias*».

> *Los Ángeles te acaban de dar el mejor regalo:*
> *¡fe y esperanza!*

Protege y limpia energéticamente tu coche con ayuda del Arcángel Miguel

Si acabas de comprar un coche y es nuevo, solo tienes que realizar el paso 2 de protección. Si el coche que compraste ya era usado, realiza el paso 2 de protección y el paso 3 de limpieza energética. Los demás pasos aplican a ambos casos.

PASO 1: Párate enfrente o al lado de tu coche y pídele al Arcángel Miguel (el Arcángel protector y valiente) que te acompañe durante este ejercicio.

PASO 2: Cierra tus ojos e imagina cómo un rayo de luz azul envuelve a tu auto nuevo. Como si tu coche flotara en una burbuja color azul. Tómate el tiempo que sea necesario y disfruta de esta experiencia. Esa luz es la energía del Arcángel Miguel. Mientras tu coche absorbe esa energía repite lo siguiente: «*Con toda tu fuerza Arcángel Miguel, te pido que me protejas a mí y a cualquier persona que utilice este coche. Que mi vista sea perfecta, mis oídos sean perfectos y cada uno de mis reflejos reaccionen favorablemente. ¡Que cada viaje sea seguro* *y cada persona esté segura! Arcángel Miguel, guíame por caminos sin conflictos y pongo en tus manos mi vida y la de los que viajan a bordo. No apagues la luz azul que hoy envuelve mi auto».*

PASO 3: Para limpiar tu auto de cualquier energía de su dueño anterior, cierra los ojos e imagina que el Arcángel Miguel está volando arriba de tu auto. Al Arcángel Miguel lo envuelve una luz azul muy brillante. Sabes que es él porque te está sonriendo y lleva una espada hermosa. La sensación que te produce es de inmensa paz y seguridad. Poco a poco esa espada se transforma en un tubo de aspiradora y recorre cada rincón de tu auto haciendo una limpieza extrema de energía. Deja que aspire cada parte por muy pequeña que sea. Mientras su luz azul entra y sale de tu auto repite lo siguiente: «*Arcángel Miguel, tú que solo buscas mi protección y que eres capaz de transformar el caos en armonía, te pido que con tu poderoso y mágico rayo de luz azul elimines cualquier acción, pensamiento o palabra negativa que se haya vivido dentro de este coche. Arcángel Miguel, mi auto está limpio, su energía está limpia y en su andar mi fe está en ti».*

El Arcángel Miguel te guía por caminos seguros y va contigo al volante

---

Para encontrar objetos perdidos

No importa el tamaño del objeto o el valor económico o
sentimental. Lo importante es que lo pidas con toda tu fe.
Puede ser desde encontrar las llaves de tu casa
hasta un automóvil.

PASO 1: Es muy sencilla la petición que tienes que hacerle al Arcángel Chamuel (el Arcángel detective): «*Intrépido Arcángel Chamuel, tú que eres muy observador y con una enorme sabiduría e intuición, te pido que me ayudes a encontrar (menciona el objeto perdido). Encontrar este objeto me devolverá la paz. Arcángel Chamuel, lo dejó en tus manos*».

El Arcángel Chamuel pronto te dará noticias

Oración para encontrar
a una mascota perdida

PASO 1: Repite la siguiente oración: «*Dios mío, que ante tus ojos nada se pierde. Dios mío, que con tus ojos lo ves todo. Por favor, por favor, por favor, envía a los Ángeles de la naturaleza para que guíen a mi mascota (menciona el nombre) hasta su hogar. Arcángel Miguel por favor protégela para que en su andar y confusión se tope en el camino con personas bondadosas. Ángeles de mi Guarda por favor envíenme una señal de hacía dónde debo dirigirme para reencontrarme con (menciona el nombre). Dios mío sé que en este momento la acompañas y la cobijas. Amén*».

> *Dios, los Ángeles de la naturaleza y el Arcángel Miguel están frente a frente con tu mascota*

Elimina las ofensas, los rencores y problemas de tu vida

*Todos los días, interactuamos o convivimos
con diferentes personas y podemos estar expuestos
a ser víctimas de ofensas o involucrarnos en problemas.
Incluso nosotros mismos podemos ofendernos con palabras,
juicios y acciones. Todas estas situaciones alteran nuestra
tranquilidad, incluso generando rencores o miedos.
Sin embargo, los Ángeles siempre tienen una salida:
¡una dosis de consuelo! En ti está, atraer paz a tu vida.*

Necesitas: 1 velita del deseo color blanca, una vela blanca
o veladora / Cerillos de madera / 1 hoja de papel /
1 pluma o lápiz / 1 congelador / 1 vaso de plástico / Agua.

PASO 1: Realiza este ejercicio tú solo. Elige un lugar tranquilo de tu hogar. Enciende la velita del deseo blanca con un cerillo de madera y colócala en una superficie segura.

PASO 2: Mientras observas por unos segundos la llama de la velita, pídele a los Arcángeles Uriel, Raquel y Zadquiel que te acompañen durante este ejercicio.

PASO 3: Escribe en una hoja de papel, los nombres de las personas que te ofendieron o describe el problema o situación en la que estás envuelto y que te roba el sueño.

PASO 4: Al terminar de escribir, dobla la hoja de papel en 4 partes, mientras platicas y les pides ayuda a los Arcángeles Uriel, Raquel y Zadquiel: «*Arcángel Uriel, pongo en tus manos mis problemas para que me ayudes a resolverlos de la mejor manera y buscando la armonía. Arcángel Raquel he sido víctima de ofensas pero ayúdame a que de mi boca solo salgan palabras positivas para llevar mensajes de amor y disminuir esas situaciones tóxicas o de conflicto. Arcángel Zadquiel, que el perdón alcance mi corazón y el corazón de todos los involucrados*».

PASO 5: Mete la hoja en el vaso de plástico.

PASO 6: Vierte agua hasta la mitad del vaso.

PASO 7: Introduce el vaso de plástico en el congelador, mientras realizas la siguiente petición a tus Ángeles de la Guarda: «*Queridos Ángeles de la Guarda, eliminen todos esos sentimientos negativos de mi vida y todas esas «toxinas». Envuélvanme con sus alas de consuelo. ¡Quiero respirar solo bienestar! ¡Quiero vivir guiado por los rayos de luz de Dios! Sé que con su ayuda y consejos lo lograré y encontra-*

ré respuestas y soluciones favorables. Abro todos mis sentidos a sus mensajes».

PASO 8: Cierra el congelador y deja ahí el vaso un par de semanas. Los beneficios son inmediatos.

PASO 9: Mantente alerta a los mensajes y señales de los Ángeles y Arcángeles. Apunta todas esas señales, pues en conjunto, ahí estarán las respuestas y soluciones a tus problemas.

> *Los Ángeles y Arcángeles te están envolviendo con sus alas de consuelo*

EJERCICIO 59

Para transmitirle armonía y paz a una persona con pensamientos negativos

*En todas las familias existen personas con pensamientos
negativos, que siempre están quejándose, criticando
o juzgando a los demás. Es muy importante que cuando
convivas con estas personas pidas la intervención
del Arcángel Uriel para transmitirles armonía y paz
a sus corazones y mente.*

PASO 1: Cuando estés frente a tu familiar o ser querido y notes que sus ideas o palabras son negativas, en ese momento, mentalmente, le vas a pedir ayuda al Arcángel Uriel para que lo ilumine, para que lo lleve por un camino de esperanza y que llene su corazón de armonía y paz: *«Arcángel Uriel, guía mis respuestas y mis actitudes para transmitirle mensajes de aliento, mensajes positivos y claves para su beneficio».*

El Arcángel Uriel está junto a ti

Aprende a ser paciente de la mano del Arcángel Uriel

Necesitas: 1 velita del deseo color rosa, vela rosa
o veladora rosa / Cerillos de madera.

PASO 1: Dedícate unos minutos al día (de preferencia en ayunas) y elige un lugar tranquilo: tu habitación, un balcón o un jardín. Enciende la velita del deseo color rosa con un cerillo de madera y pídele al Arcángel Uriel (el Arcángel paciente) que te cargue de energía durante este ejercicio. Recuerda que la flama de la velita es el puente de conexión entre el Arcángel Uriel y tú.

PASO 2: Siéntate, si puedes en posición de flor de loto, cierra tus ojos y respira profundamente 3 veces y repite: «*Arcángel Uriel, por medio de esta velita rosa —que significa amor por mí— y su poderosa flama, te pido que me envíes cascadas de tu luz para que me empapen de paciencia y así pueda amarme y amar todo lo que me rodea desde un* estado de paz. ¡Limpia de mi ser toda ansiedad! ¡Limpia de mi ser todo tipo de desesperación! Y envíame señales de que voy avanzando en este proceso para alcanzar la paciencia. Soy paciente con las personas. Soy paciente con las situaciones. Tengo motivos para estar en paz».

PASO 3: Durante esta meditación recuerda algunos momentos donde explotaste y perdiste la paciencia. Ahora pídele al Arcángel Uriel que con su cascada de luz se lleve todos esos recuerdos y sensaciones negativas.

PASO 4: Termina con la siguiente petición: «*Arcángel Uriel, envíame tu ejército de Ángeles de la piedad para que nutran mi alma con su energía pura y mi vida camine de la mano de la paciencia todos los días. Gracias Arcángel Uriel por tus bendiciones*».

La paciencia nos permite disfrutar cada detalle, cada persona, cada situación en nuestra vida

Oración para calmar un pleito con ayuda del Arcángel Raquel

Necesitas: 1 velita del deseo color blanca, vela blanca o veladora blanca / Cerillos de madera.

PASO 1: Cada que realices esta oración, que será por 11 días consecutivos y de preferencia por las noches, enciende una velita del deseo color blanca con un cerillo de madera para que abras el puente de comunicación entre el Arcángel Raquel y tú. Recuerda poner la velita sobre una superficie segura: «*Arcángel Raquel, te respeto, te quiero, te agradezco… sé que tu guía es inmediata y que tu especialidad es el de mediador en un momento de conflicto, por eso te imploro que me ayudes para hacer de esta situación (mencionas el problema, pleito o conflicto) algo menos doloroso. ¡Ayúdame a evitar que este pleito crezca! ¡Minimízalo! En este momento, todos los involucrados estamos enojados y no sabemos lo que decimos, por eso te pido que nos guíes para encontrar la mejor solución basándonos en el respeto. Arcángel Raquel, calma, calma, calma esta situación. Te pido calma para todos los involucrados. Te pido calma en nuestros corazones porque desde la paz, las respuestas son positivas. ¡Yo respiro tranquilidad, yo respiro orden, yo soy calma! Arcángel*

Raquel, envuélveme en un escudo de plomo para estar protegido. En ti confío».

El Arcángel Raquel ya escuchó tu oración

Elimina energías y sensaciones que no te corresponden

*Hay días, que te sientes triste, enojado, angustiado,
temeroso y no sabes por qué. Es muy sencillo,
son energías y sensaciones que absorbiste de alguien
más y no te corresponden. Así que aprende
a eliminarlas con ayuda de los Ángeles de la Guarda.*

PASO 1: En cuanto tengas una sensación incómoda como tristeza, enojo o angustia y no sepas el origen. Observa a tu alrededor detenidamente y detecta a la persona que se encuentre en ese estado.

PASO 2: Una vez que creas estar seguro de saber de quién absorbiste esa sensación, observa a esa persona y llama a tus Ángeles de la Guarda: «*Queridos Ángeles de la Guarda, absorban este sentimiento que no me corresponde y que altera mi paz. Regreso al universo esto que siento y que ustedes sabrán eliminarlo. Con todo mi cariño, les pido que se pongan en contacto con los Ángeles de la persona que está viviendo esta sensación y lo ayuden a encontrar la tranquilidad que necesita. ¡Bendice a todos a mi alrededor!*».

PASO 3: Inhala y exhala profundamente un par de veces. Al inhalar estarás absorbiendo la energía pura de los Ángeles y al exhalar sacarás ese sentimiento que no te corresponde regresándolo al universo.

> *Poco a poco, los Ángeles te están regresando*
> *la tranquilidad*

Para relajarte en momentos de mucha preocupación

Necesitas: 1 velita del deseo color blanca, vela blanca o veladora blanca / Cerillos de madera.

PASO 1: Busca una actividad relajante para tu cuerpo: hacer ejercicio, realizar alguna meditación, caminar o algún masaje. ¿Cuál es el objetivo? Desbloquear tu cuerpo, pues al estar bajo estrés o preocupación, ¡se colapsa! Los Ángeles te guiarán a la actividad adecuada.

PASO 2: Si tu preocupación es tan grande que tienes ganas de llorar, ¡llora! Las lágrimas limpiarán tu alma y descansará tu corazón. Posteriormente resurgirán nuevas sensaciones y los Ángeles harán que brote en ti la ESPERANZA.

PASO 3: Durante 9 noches y antes de dormir, enciende una velita del deseo color blanca con un cerillo de madera y colócala en una superficie segura cerca de tu cama.

PASO 4: Recuéstate y cierra los ojos. Pídele al Arcángel Uriel (el Arcángel espiritual y que resuelve los problemas) que te abrace. Imagina cómo una cascada de luz amarilla entra por tu cabeza y recorre todo tu cuerpo limpiando las sensaciones incómodas, ese nudo en la garganta, el miedo y la tristeza. Observa cómo esa cascada de luz amarilla sale por las plantas de tus pies llevándose lo que te está robando la paz.

PASO 5: Mantén los ojos cerrados y en ese silencio, pídele al Arcángel Uriel respuestas a tus dudas. Sabrás que son sus mensajes porque te transmiten paz.

PASO 6: Después de disfrutar esta sensación tan relajante, abre los ojos lentamente y estira tus brazos hacia el cielo y repite: «*Arcángel Uriel, abastece mi mente con tu sabiduría y que tu intuición guíe mi corazón. Mi fe está en tus respuestas y soluciones*».

> *El Arcángel Uriel lleva a tu vida respuestas cargadas de paz*

3 peticiones breves pero poderosas contra el pánico

En esos momentos en que eres presa del miedo hasta llegar al pánico y que no encuentras una salida o las palabras adecuadas para resolver un problema, aquí te dejo 3 peticiones poderosas con ayuda de los Ángeles y Arcángeles.

PETICIÓN 1: Recurre al Arcángel Miguel (el Arcángel valiente) y entrégale tu problema: «*Arcángel Miguel, envuélveme con tu escudo de plomo para que rechacé cualquier energía negativa*».

PETICIÓN 2: Recurre al Arcángel Gabriel (el mensajero de Dios) y pídele respuestas: «*Arcángel Gabriel, pon en mi boca las palabras adecuadas para resolver este problema basándome en el amor*».

PETICIÓN 3: Recurre al Arcángel Rafael (el Arcángel de la salud) y deja en sus manos la sanación de las heridas. *«Arcángel Rafael, sana el daño en mí y en todos los involucrados en el problema. Vivamos en armonía y bienestar».*

¡Peticiones entregadas! ¡Paciencia!

Decreto para vivir en protección

PASO 1: Repite 3 veces diariamente y por 33 días consecutivos el siguiente decreto guiado por los Ángeles de la Guarda: «*En los días de luz y en los días de oscuridad tengo un Ángel siempre a mi lado, que siempre me guía y que siempre me protege. ¡Soy un ser valiente y seguro!*».

Tu Ángel de la Guarda cuida cada uno de tus pasos

Elimina tus miedos

Necesitas: 1 velita del deseo color blanca o vela blanca /
Cerillos de madera / 1 hoja blanca / Pluma o lápiz.

PASO 1: Elige un lugar cómodo de tu casa y realiza este ejercicio
cuando te encuentres solo. Llama a tus Ángeles de la Guarda mientras enciendes la velita del deseo color blanca con un cerillo de madera y la colocas sobre una superficie segura.

PASO 2: Ahora que tus Ángeles se encuentran junto a ti para guiar-
te, toma la hoja blanca y escribe el primer pensamiento relaciona-
do con el miedo que venga a tu mente, por ejemplo: desamor, fra-
caso, infidelidad, enfermedad, el futuro, el divorcio, la educación
de tus hijos, etcétera. Describe en qué consiste cada uno de esos
miedos que rondan tu cabeza. La lista puede ser desde un miedo
hasta varios. ¡Escríbelos todos! ¡No límites tus palabras! ¡Escribir-
los es una forma de soltarlos! Dedícate el tiempo que requieras. Es
muy probable que mientras escribes, derrames algunas lágrimas.

Llora lo que quieras. Las lágrimas son el primer canal para limpiar tu alma.

PASO 3: Dobla la hoja en 4 mientras repites 4 veces: «*Les entrego mis miedos, suelto mis miedos. Les entrego mis miedos, suelto mis miedos*».

PASO 4: Quema la carta con la llama de la velita del deseo color blanca y colócala en un lugar seguro para que se consuma. Repite las siguientes palabras: «*Angelitos de mi Guarda, con su ayuda mis pensamientos están limpios, mi carga es más ligera, mi corazón comienza a latir sin temor. Entrego mis miedos al universo para que se deshaga de ellos. Angelitos les pido que sus mensajes sean claros para dirigirme en la dirección correcta a mi felicidad y tranquilidad*».

PASO 5: Tira los restos de la carta a la basura.

PASO 6: Soltar los miedos es una tarea diaria. Así que repite este ejercicio para que la angustia o desesperación sean cada vez menores.

> *El miedo sale de tu vida y la tranquilidad*
> *regresa recargada*

Para que los Ángeles aparezcan en tus sueños y duermas en paz

PASO 1: Antes de dormir, pídeles con todo tu corazón, a los Ángeles de la Guarda: «*Vengan a mis sueños, ¡quiero soñar con ustedes! Y dormir rico y en paz. Así como me cuidan durante el día, háganlo también mientras duermo*». En la mañana despertarás con una enorme sensación de bienestar y recargado de energía.

> *Los Ángeles se comunican contigo a través de los sueños*

Para eliminar la energía negativa de tu hogar

Necesitas: 1 Velita del deseo color blanca /
Cerillos de madera / 1 plato pequeño.

PASO 1: Colócate al centro de la última habitación de tu hogar (la que esté hasta el fondo o en el último piso).

PASO 2: Enciende tu velita del deseo color blanca con un cerillo de madera y colócala sobre un plato pequeño. Con la mano izquierda, agarra el plato con la velita y la mano derecha utilízala para abrir las puertas.

PASO 3: Pídele al Arcángel Miguel (el Arcángel valiente y protector) que te acompañe durante este ejercicio. Él caminará junto a ti del lado derecho: «*Poderoso Arcángel Miguel, necesito de tu ayuda para aspirar toda la energía, acontecimiento, acción o palabra negativa que se haya vivido en mi hogar. Aspira cada uno de los rincones con tu luz azul cargada de amor, armonía y paz y desintegra todas aquellas sensaciones de miedo, tristeza, angustia y pobreza. ¡Cubre cada habitación con tu destello! ¡Cubre cada habitación con tu brillo! ¡Cubre cada habitación con tus plumas y absorbe todo aquello que pueda alterar la tranquilidad de mi casa! ¡Los Ángeles están aquí! ¡Los Ángeles están aquí! ¡Los Ángeles están aquí!*».

PASO 4: Desde la última habitación te vas a mover hacia el frente, recorriendo cada uno de los cuartos y pidiéndole ayuda al Arcángel Miguel.

PASO 5: Cuando llegues a la cocina y estés al centro, realiza la siguiente petición a Miguel Arcángel: «*Arcángel Miguel, que todos los alimentos que lleguen a mi hogar sean los adecuados para mi familia e invitados. Alimentos que no solo mantengan sanos nuestros cuerpos sino también nuestras almas*».

PASO 6: Después de que recorriste cada una de las habitaciones, salte de tu casa y cierra la puerta detrás de ti.

PASO 7: Párate frente a la puerta de tu casa. Recuerda que el Arcángel Miguel está junto a ti del lado derecho: «*Arcángel Miguel, estoy listo para abrir la puerta de mi hogar y respirar su nueva energía. Hoy, mi casa está llena de abundancia, salud, amor, dinero y armonía. Querido Arcángel Miguel y Angelitos de mi Guarda, quiero sentir su magia y su luz todos los días en cada rincón. Arcángel Miguel y Angelitos de mi Guarda, ustedes son los guardianes de mi hogar*».

PASO 8: Abre la puerta y entra. Durante los siguientes días comenzarás a sentir los cambios positivos en tu día a día. ¡Disfrútalos!

El Arcángel Miguel ya ha aspirado tu hogar y protege cada rincón

Protege tu casa cuando sales de vacaciones

Necesitas: 1 imagen o figura del Arcángel Miguel.

PASO 1: Antes de salir de tu casa, párate en la puerta principal viendo hacía dentro y llama al Arcángel Miguel (el Arcángel valiente): «*Ven Arcángel Miguel, ven Arcángel Miguel, ven Arcángel Miguel... ¡Te necesito! ¡Ayúdame! Con esa alma protectora que te caracteriza envuelve mi casa con tu luz azul y cuídala todo el tiempo que estará sola*».

PASO 2: Coloca la imagen o figura del Arcángel Miguel a un lado de la puerta principal, de preferencia del lado de la manija y continúa con tu petición: «*Arcángel Miguel, este es mi santuario, mi hogar, en donde he vivido cosas maravillosas. En este momento, me voy a vivir una experiencia diferente y me voy tranquilo de que tu fuerza ahu-*

yentará cualquier peligro de mi casa. Te pido que en mi ausencia cuides este lugar que me da tanta seguridad».

PASO 3: Sal de tu casa y cierra la puerta mientras repites 3 veces: «*Arcángel Miguel, en ti confío*».

> *El Arcángel Miguel tiene un mensaje para ti:*
> *«¡Disfruta tus vacaciones!»*

Para unas vacaciones sin contratiempos

Aplica por igual en unas vacaciones familiares,
con amigos, en pareja o en solitario.

PASO 1: En cuanto te subas al auto, al avión, al autobús o a cualquier otro medio de trasporte que te llevará al destino de tus vacaciones, pídele al Arcángel Rafael (el Arcángel de la salud y el bienestar) que te acompañe y proteja durante todo el viaje: «*Arcángel Rafael, guía mis caminos y bendice mis decisiones para que este viaje sea una experiencia maravillosa: que mis transportes salgan a tiempo, que en el hotel donde me voy a hospedar pueda descansar, que la comida que pruebe sea sana y que el viaje esté lleno de armonía, salud y bienestar. En cada paso llevo tu luz Arcángel Rafael, en mi maleta llevo tu luz Arcángel Rafael, en mis pensamientos llevo tu luz Arcángel Rafael*».

Ya estás protegido por el Arcángel Rafael

Oración para atraer armonía a tu hogar

Necesitas: 1 velita del deseo color blanca, vela blanca
o veladora blanca / Cerillos de madera.

PASO 1: En algún momento del día, colócate en el centro de tu casa. Prende la velita del deseo color blanca con un cerillo de madera y ponla sobre una superficie segura. Reza la siguiente oración al Arcángel Jofiel (el Arcángel de la belleza): *«Sagrado Arcángel Jofiel que habitas en mi mente y en mi corazón, tú que embelleces todo y haces que la vida sea una experiencia bonita, embellece este lugar que ahora es mi hogar, derrama en cada rincón tu esencia y tu luz para que sintamos amor, armonía, bienestar, seguridad y paz todos los que habitamos aquí. Arcángel Jofiel, sé que tú guiarás cada cosa que entre a este hogar para que sea colocado de la mejor manera y así fluya la energía. Agradezco tu amor. Agradezco tu luz que nos* *cubrirá todo el tiempo en esta casa. Agradezco tu belleza infinita. Amén».*

El Arcángel Jofiel ya escuchó tu oración

Decreto armonía a mi vida

PASO 1: Todas las mañanas, repite el siguiente decreto por 22 días: «*Mis pensamientos son positivos. Soy optimista. Me concentro en resultados favorables. Mi fe me abre nuevas puertas. Soy feliz y bendecido*».

> *Con los Ángeles en tu vida, tus pensamientos son más positivos*

Decreto de paz y armonía

PASO 1: Todas las mañanas, repite el siguiente decreto por 22 días: «*Renuncio al estrés. Renuncio a las preocupaciones. Renuncio al miedo. Renuncio al odio. Renunció a las mentiras. Y abro mi corazón a mi estado natural donde solo existe paz y armonía*».

> *Los Ángeles te ayudan a eliminar*
> *lo que te roba la tranquilidad*

Oración para la protección familiar guiada por el Arcángel Miguel

Necesitas: 1 velita del deseo color blanca, vela blanca o veladora blanca / Cerillos de madera.

PASO 1: Repite esta oración durante 9 días y solo por las noches. Enciende tu velita del deseo color blanca con un cerillo de madera y ponla sobre una superficie segura y cerca de ti: «*Valiente Arcángel Miguel, protege a cada miembro de mi familia. Camina junto a ellos de noche y de día. Con tu espada corta sus miedos y sus preocupaciones. Envuélvelos con tu luz azul para que tengan más confianza en sí mismos y enfrenten las situaciones de la vida con valentía y siempre basándose en el respeto. Arcángel Miguel, pongo en tus manos la seguridad de lo más valioso para mí: ¡mi familia! Arcángel Miguel, tú que estás frente a Dios deja caer sobre nosotros el brillo* de la hermandad, de la unión, de los buenos principios para que mi familia conozca los beneficios de una vida contigo en el corazón. Amén».

El Arcángel Miguel ya escuchó tu oración

Oración para agradecer los alimentos en familia

PASO 1: Segundos antes de comer tus alimentos realiza la siguiente oración: «*Angelitos de mi Guarda, les damos las gracias por los alimentos que vamos a recibir para reconfortarnos, nutrirnos y obtener la energía que necesitamos día a día. Les agradecemos por estos momentos en familia, los cuales nos permiten compartir no solo los alimentos, sino también experiencias de vida. Angelitos les pedimos que solo comamos lo que nuestro cuerpo necesite. ¡Angelitos bendigan nuestros alimentos! Amén*».

Los Ángeles siempre llevarán los alimentos a tu mesa

Oración ante el cambio al Arcángel Metatrón, el Arcángel motivador

Necesitas: 1 velita del deseo color blanca,
vela blanca o veladora blanca /
Cerillos de madera.

PASO 1: Durante 22 días, búscate un momento a solas, coloca la velita del deseo color blanca sobre una superficie segura, enciéndela con un cerillo de madera y realiza la siguiente oración: *«Arcángel Metatrón, tú que siempre tienes palabras de aliento y mensajes cargados de motivación, que transformas los problemas en oportunidades y abres nuevos caminos, ayúdame a que estos cambios que vienen en mi vida sean positivos. ¡Aleja la incertidumbre y acerca el aprendizaje! Quiero sentir tu guía y tu amor para tomar las decisiones que sumarán experiencias maravillosas a mi vida. Aunado a esto, te pido que protejas a mi familia y descargues cascadas de luz sobre nosotros para poder aceptar cada uno de los cambios de la mejor manera. Agradezco enormemente que pongas situaciones diferentes en mi vida para aprender de* *ellas. Arcángel Metatrón, habitas en mi mente y en mi corazón. Amén».*

El Arcángel Metatrón ya escuchó tu oración

Oración para pasar un examen

Realiza esta oración con toda tu fe, es muy poderosa.
Ponte en manos del Arcángel Uriel durante tus exámenes
y él te brindará su sabiduría.

Necesitas: 1 imagen del Arcángel Uriel (el Arcángel sabio).

PASO 1: Guarda en tu mochila, portafolio, bolsa, carpeta o cartera una imagen del Arcángel Uriel y llévala contigo todos los días a tu lugar de estudios.

PASO 2: Antes de entrar al salón de clases y hacer el examen realiza la siguiente oración, mientras observas la imagen del Arcángel Uriel: *«Siempre sabio Arcángel Uriel, sabes que he puesto toda mi dedicación en mis estudios, hoy realizaré un examen importante y necesito de tu ayuda: pon en mi mente las respuestas correctas a las preguntas, pon en mi boca las palabras adecuadas a la hora de responder y pon en* cada palabra que escriba la idea más clara para que pueda expresar mis conocimientos. ¡Aléjame de la duda! ¡Aléjame del miedo sobre mi futuro! Arcángel Uriel ayúdame a triunfar en el examen y que mi aprendizaje siga en crecimiento».

El Arcángel Uriel te dará las respuestas correctas

Para hablar en público con éxito

Necesitas: 1 imagen del Arcángel Gabriel

PASO 1: La noche antes de hablar en público, minutos antes de dormir, cierra los ojos e inhala y exhala profundamente. Charla mentalmente con el Arcángel Miguel (el Arcángel valiente y protector) dile cómo te sientes y qué te preocupa y, al final de tu plática, pídele ayuda: «*Arcángel Miguel, con tu espada llena de luz corta cualquier sentimiento o sensación de miedo sobre mi acto en público. Arcángel Miguel, corta mi miedo y empápame de tu seguridad y valentía*».

PASO 2: Mientras te arreglas por la mañana el día de la presentación en público, guarda en alguna bolsa de tu vestimenta una imagen del Arcángel Gabriel, quien te acompañará todo el día.

PASO 3: Minutos antes de entrar a hablar en público encomienda tus palabras al Arcángel Gabriel: «*Adorado Arcángel Gabriel, préstame tu voz para comunicarme con éxito. Pon en mis frases las palabras adecuadas para transmitir los mensajes correctamente, aquellas ideas acertadas que el público quiere escuchar. Arcángel Gabriel, soy comunicación, Arcángel Gabriel, soy portador de mensajes, Arcángel Gabriel, mis palabras suman a la vida de los demás*».

PASO 4: Levanta las manos hacia el cielo para recibir una carga extra de energía del Arcángel Miguel y del Arcángel Gabriel y repite: «*Me siento tranquilo, mis mensajes son claros, yo soy éxito. El Arcángel Miguel y el Arcángel Gabriel están en mí y me cargan de energía*».

Los Arcángeles Miguel y Gabriel
solo quieren que brilles

Las 11 plumas guía
del Arcángel Miguel

*Este ejercicio requiere de escarbar en tu interior,
de muchísima reflexión y energía espiritual,
por eso te recomiendo que te regales un tiempo para ti
y disfrutes de la luz milagrosa del Arcángel Miguel
(el Arcángel valiente y protector).*

Necesitas: 1 velita del deseo color blanca, vela blanca
o veladora blanca / Cerillos de madera / 1 tijeras /
1 pluma o lápiz/ 1 hoja de papel blanca / 1 figura
del Arcángel Miguel / Música relajante.

PASO 1: Enciende la música y relájate por unos minutos. Concéntrate en tu respiración.

PASO 2: Enciende tu velita del deseo color blanca con un cerillo de madera, colócala en una superficie segura frente a la figura del Arcángel Miguel y dedícale el poder de la flama.

PASO 3: Dibuja y recorta 11 plumas blancas similares a la que ves en este ejercicio. Mientras recortas cada una, repite: «*Arcángel Miguel, gracias por obsequiarme esta pluma de tus poderosas alas. Un pluma símbolo de tu amor infinito y benditas por tu luz destellante*».

PASO 4: Escribe sobre cada pluma un deseo, una duda, un problema, un grito de ayuda... lo que necesitas o quieres para tu vida. Tómate tu tiempo en cada pluma, reflexiona tu petición y escarba en tu interior. Tienes 11 plumas para elegir tus deseos. ¡Sé claro! Recuerda que si ronda algo tu cabeza, puedes pedirle una solución al Arcángel Miguel.

PASO 5: Toma las 11 plumas con tu mano derecha y acércatelas a tu corazón: «*Arcángel Miguel, mis 11 deseos o peticiones nacen desde el fondo de mi corazón. Te pido que me envíes respuestas claras y mensajes cálidos. Guíame y acompáñame hasta alcanzar mis deseos. Derrama sobre mi tu luz de fe y esperanza. Acaricia y sana mis heridas. Arcángel Miguel, te regreso tus plumas para que en tus vuelos mis deseos fluyan en la dirección correcta*».

PASO 6: Coloca las plumas debajo de la figura del Arcángel Miguel y abre tus sentidos para recibir sus respuestas. Recuerda que los tiempos divinos son perfectos y que a veces las cosas no suceden como las deseamos, pero no quiere decir que está mal.

El Arcángel Miguel ya vuela con tus 11 plumas

Oración para encontrar consuelo tras la muerte de un ser querido

Necesitas: 1 velita del deseo color morada, vela morada
o veladora morada / Cerillos de madera.

PASO 1: Enciende tu velita del deseo color morada con un cerillo de madera y ponla sobre una superficie segura. A pesar del profundo dolor, realiza la siguiente oración durante 55 días por las noches: «*Misericordioso Arcángel Azrael, no tengo palabras para describirte el inmenso dolor que habita en la mitad de mi pecho. ¡Siento un vacío muy grande en mi estómago! Y las lágrimas que corren por mis mejillas piden a gritos consuelo. Eso te pido: ¡consuelo! arcángel Azrael ya tomaste la mano de (menciona a la persona que ya está en el Paraíso) para llevártelo (a) al cielo y sé que está sentado junto a Dios, los Ángeles y Arcángeles disfrutando del Paraíso, ahora te pido que tomes mi* mano, me acaricies con tu luz y no me sueltes hasta que me sienta más tranquilo. Reconozco que tengo miedo, angustia e incertidumbre pues he perdido a un ser que me acompañaba en mi camino y no quiero perder el rumbo tan hermoso que sé que tienen para mí. Ayúdame a vivir este duelo de la mejor manera, te pido que me abraces cuando sienta que mi tristeza me hace tambalear y que me hables cuando tenga que escuchar una palabra de aliento. ¡No me sueltes para que pueda seguir mi vida feliz y en paz! ¡Hoy necesito consuelo! En ti confío. Amén».

> *El Arcángel Azrael está a tu lado acompañándote en tu duelo*

Oración de esperanza con el Arcángel Gabriel

Necesitas: 1 velita del deseo color blanca, vela blanca o veladora blanca / Cerillos de madera.

PASO 1: Prende tu velita del deseo color blanca con un cerillo de madera y colócala en una superficie segura. Realiza esta oración durante 11 días y solo por las noches: *«Glorioso Arcángel Gabriel, tú que estás tan cerca de Dios, que entregas buenas noticias, toca mi corazón y llénalo de esperanza. Esperanza para mí y esperanza para mi familia. Toca mi puerta para entregarme los mensajes de Dios e iluminarme con su sabiduría. Que durante los cambios que experimento en mi vida, esos mensajes alimenten mi fe y me recarguen de energía divina. Arcángel Gabriel, llena mi boca con tus palabras, interviene en mi generación de ideas, ayúdame a construir mi camino y que al final de ese sendero la única luz que brille sea la de la ESPERANZA, porque sé, que de tu mano, todo saldrá bien. Amén».*

El Arcángel Gabriel ya escuchó tu oración

Ábrele las puertas de tu casa al Ángel de la Navidad

Cada 21 de diciembre, el Ángel de la Navidad baja del cielo, así que ese día, recíbelo con los brazos abiertos en tu hogar.

PASO 1: A cualquier hora del día, abre las puertas y ventanas de tu casa por unos minutos. Deja que el aire entre y recorra cada rincón.

PASO 2: Colócate en una de las ventanas o puerta principal de tu casa y con una enorme sonrisa y extendiendo los brazos hacia el cielo, dale la bienvenida al Ángel de la Navidad: *«Te invito a mi casa Ángel de la Navidad, ¡bienvenido eres!».*

PASO 3: Camina hacia el centro de tu hogar y deja que tu casa se cargue de toda la energía y luz del Ángel de la Navidad. Reza unos minutos: «*Divino Ángel de la Navidad, te recibo con los brazos abiertos a mi hogar y a mi vida. Con tu poderosa luz y con tu corazón lleno de inmenso amor llévate todos mis miedos y temores y envuelve mi vida y mi hogar de armonía y paz. Te abro las puertas de mi casa a ti y a todos los Ángeles para que la llenen de salud, abundancia, prosperidad, bendiciones y del amor de Dios. Ángel de la Navidad, protégenos; Angelitos de mi Guarda, protéjannos; Dios mío, GRACIAS*».

El espíritu de la Navidad se respira ya en tu hogar

Escríbele tu carta de deseos al milagroso Ángel de la Navidad

Necesitas: 1 velita del deseo color blanca, vela blanca o veladora blanca / Cerillos de madera/ 1 hoja de papel / 1 lápiz o pluma / Tu perfume favorito / 1 sobre rojo.

PASO 1: Realiza este ejercicio a cualquier hora del 21 de diciembre, día que Dios le abre la puerta del cielo al Ángel de la Navidad para que baje a nuestras vidas y se instale en nuestros hogares. Elige un lugar tranquilo de tu casa. Prende tu velita del deseo color blanca con un cerillo de madera. La llama de las velas es un excelente medio de comunicación con nuestros Ángeles y Arcángeles.

PASO 2: Cierra los ojos y llama al Ángel de la Navidad. Pídele que agite sus alas cerca de ti para que el aire que genere con ese movimiento sacuda cualquier energía negativa que te esté rodeando (en especial el miedo) y que esté bloqueando el camino para que se lleven a cabo tus deseos.

PASO 3: Toma la hoja blanca y el lápiz o pluma e imagina cómo una luz blanca se apodera de tu mano con la que vas a escribir. Esa es la energía del Ángel de la Navidad, quien te ayudará a plasmar las palabras y tus deseos en tu carta de peticiones. El Ángel de la Navidad baja del cielo con una sola misión: ¡DAR!

PASO 4: Escribe tus deseos en tu carta de peticiones. Busca que tus deseos sean generosos y alimenten tu alma. Que esos deseos sumen a tu vida paz, amor y armonía. Incluso te aconsejo que alguna de tus peticiones ayude a que el mundo sea mejor.

PASO 5: Al finalizar tu carta, rocíala con tu perfume favorito. Los Ángeles se comunican también a través de los olores por eso es muy importante aromatizar tus palabras.

PASO 6: Mete tu carta en el sobre rojo y guárdala en algún lugar donde nadie la toque.

PASO 7: Para finalizar realiza la siguiente Oración:

«Milagroso Ángel de la Navidad,
tú que presenciaste el nacimiento de Jesús
y acompañaste al Arcángel Gabriel
cuando anunció la bienvenida
del Salvador del Mundo, tú que guiaste
a los pastores y a los reyes y que tu ser
es tan generoso, ¡bendíceme!
¡Bendice mis sueños! ¡Bendice mis caminos!
¡Bendice mi hogar! ¡Que tu espíritu invada
cada parte de mi vida! ¡Quiero escuchar tus cantos!
¡Que el frío de la Navidad, solo lleve calor
a mis sentimientos! ¡Quiero que tu luz

viva conmigo! Y así como guiaste a los pastores,
ilumina mi andar para cumplir mis propósitos y deseos.
¡Mi fe en ti Ángel de la Navidad!».

*El Ángel de la Navidad recoge todas las cartas
la noche de Navidad y las transforma
en bendiciones y bienestar en tu vida*

Envía tranquilidad para aquellos que sufren depresión en época navideña

La Navidad es una época de contrastes: por un lado, hay mucha alegría, pero por otro, los índices de depresión son muy altos. Por eso, es muy importante incrementar nuestro poder de oración por esas personas que lo necesitan. La siguiente oración la puedes hacer en épocas navideñas o en cualquier día del año.

PASO 1: Envía bendiciones a todos aquellos que padezcan esta terrible enfermedad a través de la siguiente oración: «*Querido Arcángel Miguel, tú que estás de la mano de Dios, llena de valentía sus corazones para que tengan la fuerza para salir adelante. Arcángel Rafael, con tu luz verde esmeralda limpia sus mentes de todos esos pensa-*

mientos pesimistas y regálales tus gotas de alivio y esperanza: todos los problemas tienen solución. Arcángel Jofiel, enséñales la belleza de la vida y de todo lo que les rodea. Arcángel Metatrón, condúcelos por el camino espiritual porque el mejor alimento para el alma es Dios. Hermosos Arcángeles, que su luz les regrese la sonrisa a quienes atraviesen por esta enfermedad. Amén».

Los Arcángeles ya escucharon tu oración

Protege tu Navidad de energías negativas

El 24 y 25 de diciembre son días muy poderosos
energéticamente, ideales para el amor y la paz,
pero sobre todo, para estar rodeado de tus seres queridos,
pues ellos son muy importantes a la hora de alimentar
tu alma con cosas positivas. Los Ángeles quieren
que sepas que cuando estamos en armonía con nuestra
pareja, hermanos y papás, ¡la vida te sabe mejor
y las cosas fluyen a tu favor!
Amar a tus padres (independientemente de las diferencias)
y el estar bien con ellos, es la mejor energía de la que puedes
rodearte. Los papás son nuestros Ángeles en la tierra,
así que disfrútalos al máximo.
En estas fechas, en las que nos reunimos con familiares,
puede pasar que algún ser querido esté atravesando
por una situación en la que no sabemos cómo ayudar;
en esos casos es importante dar AMOR y no juzgar.
¿Por qué menciono esto? Porque los Ángeles nos invitan
a que este día (y todos los demás) hagas eso: solo dar
AMOR y no juzgar nada ni a nadie. Muchas veces cuesta
trabajo lograrlo, pero los beneficios son maravillosos.

PASO 1: Cuando te despiertes, al levantarte de la cama, abre tus brazos lo más que puedas y mirando al cielo di las siguientes palabras para librarte del rencor, celos o envidia: «*Queridos Ángeles, ¡ayúdenme! Les pido que quiten de mi mente todos estos sentimientos que no necesito y los conviertan en armonía y amor*».

PASO 2: Si vas a recibir invitados en tu casa y, alguna de esas personas es negativa y de todo se queja (ojo, no tienes que alejarte de esa persona o dejar de quererla), bendice tu hogar y protégelo de esas energías. Son días en el que todos estamos emocionalmente más sensibles y necesitamos rodearnos de una esfera brillante de amor. Para proteger tu casa y que tus invitados aspiren buenas vibras, antes de que lleguen las personas, cierra los ojos e imagina cómo la luz rosa del Arcángel Chamuel (Arcángel del amor) cubre toda tu casa, cada rincón para que todo fluya perfecto. Esa luz rosada absorberá cualquier energía negativa.

PASO 3: Si en esos días existe algún tipo de enfrentamiento por opiniones diferentes (que es muy válido) sé prudente para decir las cosas. En ese momento, imagina que estás cubierto de una luz plateada como si fuera un escudo de plomo para que las cosas no avancen y siga la armonía. Disfruta de esas fechas y recárgate de experiencias positivas.

Los Ángeles protegen con sus alas tu hogar

Ritual de las velas en Navidad para atraer salud, amor y dinero

*Desde hace siglos, las velas han iluminado templos
e iglesias. Son una representación de la llama de la fe.
Las velas ayudan a concentrarte y a controlar tus
emociones sin que el ego te distraiga con sus miedos.
La llama de las velitas es la puerta de acceso con tus
Ángeles y Arcángeles para llevar a cabo todos tus deseos.
Este ejercicio realízalo el 24 de diciembre por la noche.*

Necesitas: 3 velitas del deseo color blanca, amarilla
y rosa o 3 velas de color blanca, amarilla y rosa /
Cerillos de madera.

PASO 1: Coloca tus 3 velitas del deseo al centro de la mesa de la cena de Navidad. Checa que las velitas estén sobre una superficie segura.

PASO 2: ¡Abraza a tus familiares! Por lo general, después de la cena de Navidad, todos los familiares nos damos un abrazo para compartir la unión, el amor, la esperanza, pero sobre todo, el nacimiento de Jesús. Estos abrazos nos cargan de muchísima energía y felicidad.

PASO 3: Al terminar de repartir abrazos, prende las 3 velitas del deseo con los cerillos de madera.

PASO 4: Cierras los ojos, llama a tus Ángeles de la Guarda y a los Arcángeles con quienes te sientas más identificado y repite lo siguiente: *«Estoy abierta a recibir. Soy feliz. Disfruto y merezco paz. Me siento amado y apoyado. Soy éxito. Dejo atrás todo aquello que no me permite avanzar fácilmente (puede ser una persona o alguna situación)».*

PASO 5: Observa la llama de la velita blanca y pídele al Arcángel Rafael que te dé la cápsula de la salud a ti y a tu familia.

PASO 6: Observa la llama de la velita rosa y pide amor, primero para ti, para que te ames y aceptes incondicionalmente. Después para que la llama del amor siga encendida con tu pareja. Si aún no tienes, entonces pide para que llegue esa persona que te está esperando allá afuera con los brazos abiertos. Y, por último, extiende tu mano al Arcángel Chamuel para que con su rayo rosado llene de cosas bellas tu corazón.

PASO 7: Observa la llama de la velita amarilla y absorbe todo su poder de abundancia para que nunca te falte trabajo y tengas la economía necesaria para pagar tus cuentas sin preocupaciones. Recuerda pedir un trabajo donde puedas ser feliz.

Nota: Para que todo lo que pidas se te conceda es muy importante que, al momento de hacer tus peticiones, no estés pensando en cosas que tienen los demás y generen envidia en ti porque bloqueas el flujo y empieza la carencia y escasez.

PASO 8: La siguiente oración la puedes hacer en ese momento y en compañía de tus familiares o tu solo antes de dormir: «*Queridos Ángeles, gracias por guiarme con claridad para rodearme de amor y seguridad en mí principalmente y así transmitirlo a las personas que más quiero. Gracias por darme salud para levantarme todos los días. Agradezco que nunca me abandonan para que la economía fluya hacia mí y pueda vivir tranquilo. ¡Gracias!*».

Has abierto las puertas a los Ángeles
y se sienten felices al ayudarte

Escucha los consejos de los Ángeles para tus propósitos de Año Nuevo

Un error muy común a la hora de hacer nuestros propósitos
de Año Nuevo es dejarlos al último momento
y decir lo primero que se nos ocurre mientras comemos
rápidamente las 12 uvas. Esa actitud de «dejar a la ligera»
nuestros propósitos es el primer obstáculo
para no cumplirlos. Incluso, muchas veces,
termina el año y ni nos acordamos
de lo que nos habíamos propuesto. Por eso,
la mejor manera de elegir nuestros propósitos
es dedicándoles tiempo para pensarlos, seleccionarlos
de la mano de los Ángeles y siempre enfocarlos en ti.

Necesitas: 1 velita del deseo color blanca, vela blanca o veladora blanca / Cerillos de madera / Música relajante / 1 hoja de papel / 1 pluma o lápiz.

Nota: La primera parte del ejercicio realízala días antes de la cena de Año Nuevo.

PASO 1: Ponle *play* a la música relajante.

PASO 2: Enciende la velita del deseo color blanca con los cerillos de madera y colócala en una superficie segura cerca de tu cama.

PASO 3: Siéntate sobre tu cama. Cierra los ojos. Inhala y exhala lentamente por unos minutos. Escucha la música y relájate.

PASO 4: Llama con tu pensamiento a tus Ángeles de la Guarda y al Arcángel Miguel (el Arcángel de las misiones). Platica con ellos e invítalos a trabajar contigo en elegir tus propósitos de Año Nuevo. Sus respuestas son inmediatas. ¿Cómo sabes que son mensajes de los Ángeles? Porque sus mensajes vienen acompañados de bienestar y los propósitos te permitirán un crecimiento personal. Sabrás que son ellos por las sensaciones que recibes.

PASO 5: Después de unos minutos, abre lentamente los ojos y escribe en una hoja de papel o en alguna aplicación de tu celular, los propósitos que elegiste con ayuda de los Ángeles. Ellos no te saturarán de propósitos, al contrario, solo te recomendarán los más importantes: no tienen que ser 12, con 3 o 4 estará bien.

PASO 6: A cada propósito ponle un plazo razonable y escríbelo.

Nota: La segunda parte del ejercicio realízala durante las 12 campanadas de Año Nuevo:

PASO 7: Durante los primeros segundos del Año Nuevo o durante las 12 campanadas, saca tu lista de propósitos y léelos mentalmente y con toda tu fe. Al finalizar tu lista, agrega la siguiente petición: *«Queridos Ángeles de la Guarda y poderoso Arcángel Miguel, guíenme por el mejor camino para llevar a cabo mis propósitos. Carguen mi vida con la batería necesaria para lograrlos al 100 por ciento. Soy luz, soy brillo, soy fuerza y soy decisión».*

PASO 8: Comparte tus propósitos con tus seres queridos y amigos. El platicarlos te da una fuerza interior más grande y cierta responsabilidad. Está en ti que no se queden en meras intenciones.

Los Ángeles son testigos de tu fuerza de voluntad

Oración para Año Nuevo

PASO 1: Durante las 12 campanadas del Año Nuevo, realiza la siguiente oración con toda tu fe: «*Dios mío, te agradezco infinitamente por un año más de vida. Mil gracias por todo lo que aprendí. Dios mío, sé que tu amor es ilimitado por eso confío en que este año que inicia, mis necesidades serán cubiertas y la abundancia rodeará mi vida. Dios mío, permite que todas las personas con las que me relacione sean capaces de percibir mi energía positiva y se contagien de ella y aléjame de todos aquellos que puedan "perturbar" mi tranquilidad. Dios mío, soy amor y amor quiero recibir. Dios mío, bendice con salud a mi familia y a mí. Dios mío confío en tu voluntad y sé que lo que tenga que irse, se irá y lo que tenga que llegar, llegará. ¡Confío en tus tiempos! Dios mío, guíame por el camino correcto y que cada puerta que se abra me conduzca a mi felicidad. Dios mío, se parte de mi luz y permíteme cargarla con dignidad, bondad y compasión. Dios mío, aquí estoy para vivir la vida. Amén*».

Dios está contigo y los Ángeles serán tus guardianes

Reafirma tus deseos con la llegada de la primavera

*Realiza este ejercicio el día 20 o 21 de marzo,
días que marcan el inicio de la primavera
y que es cuando los Ángeles de la naturaleza, las flores,
los árboles, el sol y el planeta están de fiesta.
Son días energéticamente poderosos para reafirmar
nuestros deseos de la mano de los Ángeles.*

Necesitas: 3 ramos de flores / 1 velita del deseo color blanca, vela blanca o veladora chica blanca / 1 velita del deseo color amarilla, vela amarilla o veladora chica amarilla / 1 velita del deseo color rosa, vela rosa o veladora chica rosa / 1 velita del deseo color verde, vela verde o veladora chica verde /

Cerillos de madera / *Post its* o papelitos blancos / 1 pluma o lápiz.

PASO 1: Viste de colores alegres (evita el negro o el gris estos dos días).

PASO 2: Coloca los 3 ramos de flores en diferentes rincones de tu hogar mientras abres los brazos para abrazar a los Ángeles de la naturaleza y a la primavera en tu vida. Repite 3 veces: «*Bienvenidos Ángeles de la naturaleza y bienvenida primavera*».

PASO 3: Escribe en los *post its* o en los papelitos blancos palabras clave de tus deseos; por ejemplo:
- Dinero
- Salud
- Pareja
- Trabajo
- Paciencia
- Paz

PASO 4: Coloca las 4 velitas del deseo (blanca, rosa, verde y amarilla) sobre una superficie segura y, mientras prendes cada una con un cerillo de madera, pídele a los Ángeles de la naturaleza que te ayuden a cumplir tus deseos.

PASO 5: Explícales a los Ángeles de la naturaleza el porqué de tus deseos, mientras colocas abajo o alrededor de las velitas los *post its* o papelitos con las palabras clave.

PASO 6: Espera a que se consuman las velitas de los deseos y tira los residuos.

PASO 7: Antes de dormir, incluye en tus oraciones a los Ángeles de la naturaleza y recuerda que, a través del poder de tu oración, suceden los milagros.

> *Los Ángeles de la naturaleza bajan del cielo*
> *para embellecer tu vida y para que todo aquello*
> *que tienes en mente florezca*

EJERCICIO 90

Para curar alguna enfermedad

Necesitas: 1 velita del deseo color verde o vela verde /
Cerillos de madera / 1 imagen o figura del Arcángel Rafael.

PASO 1: Coloca la imagen o figura del Arcángel Rafael (el Arcángel
de la salud) en el buró junto a tu cama. Enciende la velita del deseo
color verde con un cerillo de madera y ponla, en un lugar seguro, a
un lado de la figura del Arcángel mientras le pides que te acompañe
durante este ejercicio: «*Milagroso Arcángel Rafael, ven a mí todas las
noches… necesito de tu fuerza de sanación*».

PASO 2: Acuéstate sobre tu cama. Cierra los ojos. Inhala y exhala
profundamente durante 3 minutos. Coloca tus manos sobre la zona
de tu cuerpo que quieras curar: estómago, corazón, piernas, codo,
garganta… Pídele al Arcángel Rafael que unte su gel verde milagroso sobre esa zona y que trabaje en ti toda la noche.

PASO 3: Realiza la siguiente Oración: «*Querido Arcángel Rafael, te ruego que en esta visita de sanación, tu gel milagroso me cure de (menciona el malestar) lo más pronto posible. Que esta angustia y dolor que siento se conviertan en alivio, pero sobre todo en armonía y paz. ¡Tengo fe y mucha esperanza! Arcángel Rafael, ahora que estás conmigo despierta todos mis sentidos para entender de forma clara tus señales y mensajes*».

PASO 4: Durante este ejercicio recibirás muchísimas respuestas, mensajes e ideas, que pueden ser desde asistir con determinado doctor hasta recurrir a cierto tratamiento. También mientras duermes, el Arcángel Rafael se seguirá comunicando contigo a través de los sueños. Realiza este ejercicio de sanación el tiempo que lo necesites y recuerda que los Ángeles y Arcángeles no toman decisiones por ti, pero si te guían.

Mantén la fe en el Arcángel Rafael

Para salir bien de una operación

Necesitas: 1 velita del deseo color verde, vela verde
o veladora verde pequeña / Cerillos de madera.

PASO 1: Por la mañana, antes de dirigirte al hospital donde te realizarás la operación, enciende la velita del deseo color verde con los cerillos de madera y ponla en un lugar seguro.

PASO 2: Cierra los ojos por unos minutos y pídele al Arcángel Rafael (el Arcángel de la salud) que te acompañé durante todo el proceso (operación y recuperación): «*Milagroso y divino Arcángel Rafael, pido tu asistencia en estos momentos. Hoy mi vida estará en manos de doctores y enfermeras que dominan su profesión, por favor, guía sus manos para que todo lo que hagan sea perfecto, así como para que todos mis órganos y partes de mi cuerpo reaccionen favorablemente. Además protégeme con tu luz color verde esmeralda todo el tiempo para que la recuperación sea exitosa y lo antes posible. ¡En ti confío!*».

PASO 3: Minutos antes de entrar al quirófano, repite 3 veces: «*Arcángel Rafael, en ti confío*».

El Arcángel Rafael está a tu lado tomando tu mano: «todo saldrá bien»

Entrega las adicciones a los Ángeles

Necesitas: 1 velita del deseo color verde o vela verde / Cerillos de madera.

PASO 1: Elige un lugar tranquilo en tu casa. Coloca la velita del deseo color verde en una superficie segura y enciéndela con un cerillo de madera.

PASO 2: Cierra los ojos y visualiza a ese familiar o persona que quieres ayudar y que se encuentra envuelto en algún problema de adicción. Si eres tú quien abusa de alguna sustancia tóxica, trata de imaginarte que estás frente a ti mismo.

PASO 3: Llama al Arcángel Rafael (el Arcángel de la sanación) y pídele que su poderosa luz verde esmeralda te envuelva y te llene de una energía renovadora. ¡Siente, siente cómo esa luz recorre todo tu cuerpo! Las adicciones son ocasionadas por el miedo y el vacío interior, por eso, es muy importante que pongas toda tu fe en el amor de Dios. Ahora bien, si el problema lo tiene otra persona imagina que la tomas de la mano y sientes cómo esa luz que te envuelve ahora recorre el cuerpo de la otra persona. Visualízala feliz, renovada y sana. Entrégale esos problemas de adicción al Arcángel Rafael y ¡deja que su poder haga el milagro!

PASO 4: Termina el ejercicio con alguna de las siguientes oraciones:

Oración para pedir por un familiar u otra persona con adicciones:

*«Querido Arcángel Rafael, te pido por favor
que me concedas una visita sanadora para
(menciona aquí el nombre de la persona) y ayuda
para todas las personas que estamos involucradas;
para que tengamos fe y esperanza…
Quita nuestros pensamientos de miedo
al ver su comportamiento, despeja cualquier deseo
o necesidad por dañar su salud y muéstrale que existe
un camino mejor hacia una vida de salud divina y
haz que regrese el entusiasmo y el amor por sí mismo».*

Oración para pedir por tu problema de adicción:

*«Querido Arcángel Rafael, libérame de las ansias
de (nombra tu adicción) y ayúdame a sentirme en paz
y satisfecho de una manera muy natural.
Recibo tu guía para llevar una vida sana».*

---

*El amor de Dios y del Arcángel Rafael
te ayudan a superar cualquier adicción*

Los Arcángeles Miguel, Chamuel y Haniel sanarán tu ansiedad

Hoy en día, cada vez más personas son víctimas de ataques de ansiedad, viven en un estrés extremo o en una angustia tal que sienten que se ahogan. Los ataques de ansiedad son ocasionados por miedos o preocupaciones, por baja energía espiritual y autoestima en nuestras vidas. Por eso, en este ejercicio caminarás de la mano con los Arcángeles Miguel (el valiente), Chamuel (el amoroso) y Haniel (el paciente) para que eleves tu energía positiva y atraigas respuestas favorables a tus problemas y tranquilidad a tu vida.

Necesitas: 1 jardín, bosque o campo.

PASO 1: Frente a la imponente naturaleza, ábrete a la energía valiente del Arcángel Miguel y juntos identifiquen el origen de esos ataques de ansiedad o estrés. ¿Qué es lo primero que viene a tu mente? ¡Ese es el origen! Puede ser una situación o una persona.

PASO 2: Ahora con ayuda del Arcángel Miguel y tus Ángeles de la Guarda reza por esa persona o por esa situación. No juzgues y no te victimices. Reza, reza, reza… deja que las palabras fluyan desde tu corazón. La oración conduce a soluciones, ¡a milagros! ¡Envía bendiciones! No importa el tiempo que te tardes en tu oración.

PASO 3: Perdona y suelta: «*Poderoso Arcángel Miguel, tú que estás de la mano de Dios, apiádate de mí. Perdono todo lo que me hace daño, me perdono por hacerme daño… Perdono todo lo que me hace daño, me perdono por hacerme daño… Suelto la ira, suelto el enojo, suelto la carga, suelto la ansiedad… Suelto la ira, suelto el enojo, suelto la carga, suelto la ansiedad… Mi corazón vuelve a brillar*».

PASO 4: Quítate los zapatos y calcetines y camina por el pasto. Disfruta la sensación y absorbe la poderosa energía de la naturaleza. Siente la delicia de la tierra en tus pies. La frescura y la sensación de alivio que provoca en ti.

PASO 5: Detente y cierra los ojos. Recarga tu energía llenándola de amor con la guía del Arcángel Chamuel. Dale permiso para que, a través de tus pies, entre su luz rosada y siente cómo recorre cada parte de tu cuerpo y se concentra en tu corazón. Mientras experimentas esta sensación, háblate con frases de cariño como por ejemplo: «*valgo mucho*», «*soy una persona especial*» o «*me amo*», entre otras. También imagina momentos felices que has vivido junto a tu familia. Después de unos minutos, siente cómo esa luz sale de tu cuerpo hacia el cielo. Con este paso el objetivo es llenar de amor tu corazón.

PASO 6: Puedes continuar con los ojos cerrados o ya puedes abrirlos. Ahora llama al Arcángel Haniel y pídele ayuda para dos cosas: eliminar esa obsesión por controlar todo y encontrar soluciones a tus problemas: «*Divino Arcángel Haniel, abre mis sentidos para escuchar tu guía, para entender la solución hacía mi problema. Ayúdame a que tus mensajes sean claros. Arcángel Haniel dame paciencia, dame serenidad y lléname de optimismo, pues desde la armonía puedo ver las cosas más claras*».

PASO 7: Siéntate en el pasto, observa la belleza de la naturaleza y escucha los mensajes de los Arcángeles. La respuesta es, por lo general, esa primera idea que llega a tu mente, siempre basada en una sensación positiva y de bienestar. Recuerda que los cambios no suceden de un día para otro, son paso a pasito.

PASO 8: Existen ciertos productos que alimentan el estrés y la ansiedad como la comida chatarra, los dulces, los chocolates, la cafeína, el refresco… el abuso de la azúcar. ¡Elimínalos! Y, por otro lado, el practicar algún deporte ayuda a disminuir estos ataques. Haz ejercicio ¡ya!

> *¡Paciencia! Los cambios no suceden de un día para otro. ¡Son paso a pasito!*

Elimina de tu vida alimentos dañinos con ayuda de los Arcángeles Rafael y Miguel

Refrescos, galletas, comida chatarra, harinas refinadas, dulces, embutidos… Elimina de tu vida aquellos productos que solo afectan tu salud y que en ocasiones se vuelven una adicción. Los Ángeles nos ayudan a cortar lazos con esos «alimentos». ¡Ya no hay pretextos! ¡Comer sano, te da una mejor calidad de vida!

Necesitas: 1 velita del deseo color blanca o vela blanca / Música relajante / Cerillos de madera.

PASO 1: Realiza este ejercicio 3 días consecutivos de preferencia antes de dormir. Ponle *play* (enciende) a la música relajante. Prende tu velita del deseo color blanca con un cerillo de madera y colócala en una superficie segura. Mientras observas la flama, llama a los Arcángeles Miguel y Rafael.

PASO 2: Acuéstate sobre la cama o sillón, cierra los ojos y respira profundamente. Trae a tu mente ese producto, comida o «alimento» dañino que quieres alejar de tu vida y repite: «*Queridos Ángeles, tomen vuelo y alejen de mi (menciona el producto, comida o alimento dañino). Vuelen alto hasta que desaparezca de mi vida*».

PASO 3: Pídeles al Arcángel Miguel y al Arcángel Rafael que se acuesten junto a ti. Miguel del lado derecho y Rafael del lado izquierdo.

PASO 4: Imagina cómo, de tu ombligo, salen cordones que te unen a ese alimento; estos cordones son los apegos de miedo que te hacen creer que necesitas esos alimentos o esa adicción.

PASO 5: Desde el fondo de tu corazón y de manera firme dale permiso al Arcángel Miguel para que, con su filosa espada, corte todos los lazos o cordones que te unen con esa comida. Repite: «*Arcángel Miguel, estoy listo para eliminar de mi vida (menciona el alimento, producto o comida) y permito la entrada de alimentos saludables y que sean adecuados para mi personalidad, necesidades físicas, horario y presupuesto*».

PASO 6: Ahora imagina cómo la luz verde esmeralda del Arcángel Rafael cura los cordones cortados y te envuelve con su luz permitiendo que esta recorra cada parte de tu cuerpo y repite: «*Arcángel Rafael, estoy en paz porque la ansiedad y el vacío que llenaba con esos alimentos ya no existe más en mí*».

PASO 7: Agradece su ayuda al Arcángel Miguel y al Arcángel Rafael con un simple: «¡gracias!».

> *Los Arcángeles Miguel y Rafael te guiarán*
> *por una vida más saludable*

Oración para un familiar enfermo

Necesitas: 1 velita del deseo color verde o vela verde / Cerillos de madera.

PASO 1: Enciende la velita del deseo color verde con un cerillo de madera y tómala entre tus dos manos con precaución de no quemarte. Cierra los ojos. Respira profundamente durante un par de minutos.

PASO 2: Pon toda tu fe y todo tu amor en la siguiente oración para tu familiar enfermo: «*Milagroso Arcángel Rafael, te pido atención y cuidados para (menciona el nombre de tu familiar enfermo). ¡Cuídalo y ayúdalo para que recupere su salud! Cobíjalo con tus alas sanadoras y absorbe ese mal que tanto daño le está haciendo. Envuélvelo con tu luz verde esmeralda y limpia su cuerpo de toda enfermedad y dale fuerzas. Arcángel Rafael, tú que eres tan milagroso, también guíame para transmitirle paz y amor. Envíame señales que me tranquilicen. Por favor Arcángel Rafael, haz que mejore día a día*». También puedes realizar esta oración en compañía de tu familia y de tu ser querido enfermo.

El Arcángel Rafael está cuidando a tu familiar

Para que un familiar o ser querido salga bien de una operación

*Puedes realizar este ejercicio desde tu casa
o desde el hospital donde se llevará a cabo la operación.
Lo único que tienes que hacer es pedir la asistencia
del Arcángel Rafael.*

Necesitas: 1 velita del deseo color verde, vela verde o veladora pequeña verde / Cerillos de Madera.

PASO 1: Cierra los ojos y concéntrate en los latidos de tu corazón pues desde ahí saldrá todo el poder de tu oración: «*Arcángel Rafael, tú que tienes el don de la sanación y que sé que estás junto a (menciona el nombre de tu familiar o ser querido) te pido primero que lo tranquilices, que absorbas todo su miedo e incertidumbre y lo transformes en fe* *y esperanza para que esté en paz. Después intercede por él para que cada paso de los doctores sea el correcto y solo vaya dirigido para su bienestar. Por último, extiende tu luz a sus familiares para que la unión prevalezca pues son claves para su recuperación. En ti confío».*

PASO 2: Después de la operación y en la intimidad de tu hogar, enciende la velita del deseo color verde con un cerillo de madera y colócala en una superficie segura. Llama al Arcángel Rafael para hacerle una última petición y agradecer su ayuda: *«Poderoso Arcángel Rafael, mil gracias por tu ayuda, mil gracias por tu guía, mil gracias por tu sabiduría, mil gracias por tu solidaridad... Ahora entramos en la etapa de recuperación, transmite tu fuerza a (menciona el nombre de tu familiar o ser querido) para que con paciencia salga adelante y sane al cien por ciento».*

El Arcángel Rafael toma las mejores decisiones

Para no tener consecuencias de una lesión practicando ejercicio

Necesitas: 1 velita del deseo color verde, vela verde o veladora verde / Cerillos de madera.

PASO 1: Por la noche, tómate unos minutos para estar contigo. Enciende la velita del deseo color verde con un cerillo de madera mientras llamas junto a ti al Arcángel Rafael (el Arcángel de la salud). Coloca la velita en una superficie segura.

PASO 2: Pídele al Arcángel Rafael que concentre toda su luz sanadora, color verde esmeralda, en tus manos, que te dé toda su energía.

PASO 3: Cierra los ojos y pasa tus manos por la zona lesionada de tu cuerpo e imagina cómo una luz color verde esmeralda sale de ellas y acaricia la parte afectada. Permanece así unos minutos. La sensación es de frescura y alivio.

PASO 4: Repite: «*Arcángel Rafael, nada más milagroso que tu poder de sanación, dejo mis temores a un lado y pongo la confianza en ti. ¡Junto a ti yo soy salud!*».

PASO 5: Antes de dormir invita al Arcángel Rafael para que durante tus sueños te haga una visita de sanación para que recuperes la movilidad, la flexibilidad o alivie el intenso dolor. También pídele que no te quede ninguna secuela para que continúes con tu vida atlética. Este ejercicio realízalo durante 5 noches consecutivas.

PASO 6: Repite: «*Arcángel Rafael, en ti dejo mi malestar (menciona tu lesión). Sé que tus tiempos son perfectos y solo te pido que me sanes mientras duermo y que tu luz verde esmeralda recorra todo mi cuerpo y así pueda recibir los beneficios que necesito para estar bien lo más pronto posible. Amén*».

El Arcángel Rafael trabaja en tu recuperación

Oración para el Arcángel Rafael y su luz sanadora

NECESITAS: 1 velita del deseo color verde, vela verde o veladora verde / Cerillos de madera.

PASO 1: En cualquier momento, durante 33 días, toma un cerillo de madera y enciende tu velita del deseo color verde y ponla sobre una superficie segura.

PASO 2: Con toda tu fe y «con el corazón en la mano» pronuncia la siguiente oración: «*Milagroso Arcángel Rafael, rocíame con tu luz verde esmeralda para que, con esas gotitas de energía, pongas en equilibrio mi cuerpo, mi mente y mi espíritu. Porque al estar en armonía estos tres ingredientes de mi ser, estoy en mi estado más puro. ¡Estar sano es parte de mi esencia! ¡Es un regalo que Dios me dio! Arcángel Rafael, yo soy salud, yo estoy sano, yo soy armonía… Arcángel Rafael, vierte sobre mí tu río de luz sanadora. Amén*».

El Arcángel Rafael ya escuchó tu oración

Cura a tus mascotas con ayuda del Arcángel Rafael

Los Ángeles y Arcángeles están muy conectados con los animales y la naturaleza, quienes son fuentes de energía y excelentes medios de comunicación entre los Ángeles y los seres humanos. Una mascota es un integrante muy valioso en nuestra familia. En ocasiones, sin estar conscientes nosotros, son nuestras mascotas, guiadas por los Ángeles, quienes mantienen la armonía en nuestros hogares.

PASO 1: Abraza a tu mascota.

PASO 2: Cierra los ojos y pídele al Arcángel Rafael (el Arcángel de la salud) que le haga una visita de sanación a tu mascota para que la cure y la proteja. El amor del Arcángel Rafael es infinito y él sabe el cariño que le tienes a tu animalito. ¡Rafael acudirá de inmediato! Mientras mantienes los ojos cerrados imagina cómo una luz verde esmeralda baja del cielo y abraza a tu mascota. Esa luz brillante proviene del Arcángel Rafael y ¡será una sensación refrescante!

PASO 3: Poco a poco abre los ojos y mientras observas a tu mascota, realiza la siguiente petición: «*Arcángel Rafael, con el don de la salud que te dio Dios, sana a (menciona el nombre de tu mascota). ¡Elimina su dolor y devuélvele su alegría! Guíame para atenderlo de la mejor manera y llevarlo a los veterinarios adecuados. Proporcióname la sensibilidad para poder comunicarme con mi mascota y saber sus necesidades en este momento. Dejo en tus manos el presente y el futuro de (menciona el nombre de tu mascota)*».

El Arcángel Rafael calma el dolor de tu mascota

Regálale bendiciones a tu mamá

Realiza este ejercicio cualquier día del año,
en el cumpleaños de tu mamá o en el Día de las Madres.
Hazle caso a tu corazón, este te dirá cuándo
es el momento ideal.

PASO 1: Toma de las manos a tu mamá y regálale esta hermosa oración dirigida por los Arcángeles para llenarla de bendiciones. Repite en voz alta: «*Queridos Arcángeles, les pido que desde el cielo caigan sus luces brillantes formando un arcoíris y que envuelva a mi mamá, cargándola con todo su poder de sanación y con todo su poder de amor incondicional. Abrácenla, llénenla de esperanza, de armonía, pero sobre todo, de apapachos en su corazón para que pueda sentir el amor tan grande que tengo hacia ella y el agradecimiento por todo lo que ha hecho por mí; por haberme ayudado en los momentos que más* *lo necesité, por haberme enseñado todos esos valores que hoy en día me hacen la persona que soy. Les pido que siempre estén a su lado, susurrándole consejos, abrigándola con su luz, alimentándola con su energía y señalándole el camino para la felicidad. Ayúdenla a limpiarse las lágrimas cuando yo no esté junto a ella y ayúdenla a vivir en paz y transmitiendo mensajes positivos. Divinos Arcángeles, les pido que le obsequien el mejor regalo: ¡sus bendiciones! Amén».*

Los Arcángeles ya escucharon tu oración

Regálale bendiciones a tu papá

Puedes hacer el siguiente ejercicio cualquier día del año,
en el cumpleaños de tu papá o en el Día del Padre.
Tu corazón te dirá cuándo debes obsequiar este regalo.

PASO 1: Toma de las manos a tu papá y regálale, desde la pureza de tu corazón, la siguiente oración guiada por los Ángeles y Arcángeles. Repite en voz alta: «*Amor, congruencia, valentía, felicidad, protección, sabiduría, bienestar, salud y abundancia, lluevan sobre mi padre y que cada gota sea enviada por ustedes majestuosos Ángeles y Arcángeles. Denle fuerza en sus brazos y piernas para que pueda trabajar y seguir adelante. Muéstrenle a través de su amor que todo lo que ha hecho ha valido la pena y que ocupa un lugar especial en este mundo. Enséñenlo a que se sorprenda de las cosas pequeñas y cárguenlo de energía pura. Papá eres importante para mí y agradezco que un ser tan maravilloso forme parte de mi vida, por eso le pido a* los Ángeles y Arcángeles que te obsequien el mejor regalo: ¡sus bendiciones! Amén».

Los Ángeles y Arcángeles ya escucharon tu oración

Cuando se te descompone el coche o algún electrodoméstico

En estos casos, el Arcángel Miguel (el Arcángel valiente) es muy poderoso y te va a ayudar a que todo se resuelva de la mejor manera.

PASO 1: Cierra los ojos y respira profundamente 3 veces.

PASO 2: Pídele al Arcángel Miguel que se pare junto a ti, menciónale lo que necesitas y ya verás cómo su ayuda es inmediata. Al Arcángel Miguel le gusta hacernos la vida fácil y feliz, desde hacer funcionar tu auto hasta que una grúa aparezca lo más rápido posible.

> *Los Ángeles y Arcángeles nos ayudan en cualquier situación*

Oración por la paz del mundo

PASO 1: Durante tus oraciones diarias incluye la siguiente guiada por los Ángeles. Solo a través del poder de tu oración suceden los milagros: «*Dios hermoso y poderosos Ángeles, tenemos un planeta maravilloso que es nuestro hogar y todos contamos con este planeta para realizar la misión que tenemos en la vida. Desde mi corazón envío toda esta energía positiva acompañada de amor a todas esas personas que ocupan un lugar especial en mi vida, también a aquellas con las que convivimos todos los días en nuestro trabajo o con las que simplemente nos topamos en nuestro camino. Que este amor, que desde aquí comienza, pase de corazón a corazón y se vuelva universal. Un amor incondicional sin importar el color de la piel, el idioma, la preferencia sexual, la religión o nacionalidad. Todos somos personas de luz, por eso, amado Dios y divinos Ángeles, les pido que nos guíen para hacer de este mundo, un lugar basado en la compasión, el*

amor, la fe y la ayuda al prójimo. Quiero un mundo con paz, quiero un mundo en paz. Amén».

> *El cielo ha escuchado tu oración y ha liberado tu energía al universo*

11-1 para pedirles lo que necesitas a tus Ángeles de la Guarda

El día 11 de enero de cada año, tus Ángeles de la Guarda y el Arcángel Miguel (el Arcángel de las misiones) te dan un maravilloso regalo: «Pide tu deseo y nosotros te lo cumpliremos». El 11-1 es un número muy importante y energéticamente muy poderoso en el mundo de los Ángeles, cuya misión es llevar fe y felicidad a nuestras vidas.
Este ejercicio puedes hacerlo a cualquier hora del día del 11 de enero y en cualquier lugar donde te sientas cómodo: en tu casa, en tu trabajo, en un jardín o en el bosque. Puedes compartir esta experiencia con familiares o amigos.

Necesitas: 1 velita del deseo color blanca, vela blanca o veladora blanca / Cerillos de madera.

PASO 1: Enciende la velita del deseo color blanca con un cerillo de madera y colócala en una superficie segura. Recuerda que la flama de la velita abre las vías de comunicación con los Ángeles.

PASO 2: Cierra los ojos por unos minutos y, con el pensamiento, pide tu deseo y entrégaselo a los Ángeles y al Arcángel Miguel. ¡Ellos te lo cumplirán! Pon toda tu fe y no pidas a medias. Que no te de pena pedir lo que realmente quieres. No titubees: «si, pero no…», «bueno solo poquito…», «me conformo con esto…». Haz una petición firme, pero utiliza palabras bondadosas.

PASO 3: Tus tiempos no son los tiempos divinos. Ten paciencia, que los Ángeles ya trabajan en tu deseo y saben cuál es el tiempo perfecto.

> *Tu deseo ya está en manos de los Ángeles*
> *y el Arcángel Miguel*

Limpia las energías de tu negocio para que prospere y sea exitoso

Necesitas: 1 velita del deseo color morada / Cerillos de madera / Ramos de flores (el número que tú quieras) / 1 estampita o imagen del Arcángel Miguel / 1 estampita o imagen del Arcángel Zadquiel.

PASO 1: Este ejercicio realízalo por la mañana o por la noche en tu negocio. Es importante que estés solo.

PASO 2: Párate en el centro de tu negocio (oficinas, local o edificio) y enciende la velita del deseo color morada con los cerillos de madera. Colócala en una superficie segura.

PASO 3: Pídele a los Arcángeles Miguel (el Arcángel valiente) y Zadquiel (rectitud de Dios) que se coloquen a tu lado como soldados espirituales, pues juntos se encargarán de limpiar cualquier tipo de energía negativa y cortarán cualquier lazo que no deje avanzar a tu negocio.

PASO 4: Cierra los ojos e imagina cómo la espada del Arcángel Miguel se convierte en una aspiradora y pídele que absorba cualquier tipo de energía negativa limpiando cada rincón de tu negocio. Dale permiso de hacer un recorrido de limpieza por todo el lugar y déjalo actuar.

PASO 5: Abre los ojos poco a poco y con toda tu fe pídele ayuda al Arcángel Zadquiel para encaminar tu negocio hacia la prosperidad: *«Arcángel Zadquiel, tú que tienes el don de fluir hacia el crecimiento, por favor guía a los clientes con las mejores intenciones hasta aquí para que sumen en el crecimiento de mi negocio. También te pido que me asesores en cada decisión, en cada cambio tanto en mí como de mi negocio. ¡Cambios necesarios para su evolución y resultados positivos!».*

PASO 6: Coloca las estampitas o imágenes de los Arcángeles Miguel y Zadquiel en algún cajón, pared, mostrador del área de las cajas registradoras o en la zona de administración (o en cualquier otro lugar importante de tu negocio que tenga que ver con el crecimiento económico) y repite: *«Queridos Arcángeles Miguel y Zadquiel, les pido que con su luz, energía y amor me ayuden a mí y a mi grupo más cercano formado por (menciona los nombres de las personas clave en la evolución de tu empresa) a llevar a este negocio hacia el éxito, la abundancia y el bienestar. Bendígannos con su sabiduría y conocimiento. También les pido que en este negocio se queden las personas correctas y aquellas que tengan amor por lo que hacen. ¡Mi negocio se multiplica! ¡Mi negocio crece! ¡Mi negocio se expande!».*

PASO 7: Sal de tu negocio por la puerta principal y colócate frente a ella. Con toda tu fe y con todo tu amor repite lo siguiente: *«Estoy listo para abrir las puertas de mi negocio, el cual es exitoso y próspero. Un negocio en donde mis principales socios son mis Ángeles».*

PASO 8: Abre tu negocio y durante los próximos 3 días decora el lugar con ramos de flores (tus favoritas) como símbolo de bienvenida a los Ángeles y Arcángeles.

Tu negocio brilla, florece y prospera

Despeja tus dudas sobre un proyecto o negocio el 22 de febrero con la guía del Arcángel Gabriel

El 22 de febrero tiene una energía muy poderosa guiada por los Ángeles, pues al juntar el número del día y el mes el resultado es 222. Este número en el mundo angelical te indica que vas por buen camino y en crecimiento. Por eso es ideal para tomar decisiones o iniciar un negocio o proyecto.

PASO 1: Durante el transcurso del 22 de febrero pregúntale al Arcángel Gabriel (el Arcángel guía): «*Arcángel Gabriel, ¿estoy tomando el mejor camino en (menciona tu proyecto o la decisión que debes tomar)?*».

PASO 2: Abre tus sentidos para recibir sus mensajes y entenderlos. Sabrás que es la respuesta del Arcángel Gabriel porque te dará mucha tranquilidad. Si te quedan dudas pídele que te envíe una señal más clara.

El Arcángel Gabriel trabaja construyendo tu futuro

Protege tu hogar de la fuerza de un sismo o desastre natural

Necesitas: 1 velita del deseo color blanca, vela blanca
o veladora blanca / Cerillos de madera /
1 ramo de flores blancas o tus favoritas.

PASO 1: Coloca el ramo de flores en un florero y ponlo cerca de la entrada principal de tu casa. Las flores son un regalo para darle la bienvenida a los Ángeles y Arcángeles a tu hogar.

PASO 2: Cerca del florero, coloca la velita del deseo color blanca en una superficie segura y enciéndela con un cerillo de madera.

PASO 3: Abre la puerta principal por unos segundos y, mentalmente, invita al Arcángel Miguel y a los Ángeles de la naturaleza para que entren en tu hogar.

PASO 4: Después de cerrar la puerta, dirígete al centro del área de tu sala y pídele protección al Arcángel Miguel: «*Valiente Arcángel Miguel, derrama tu luz azul sobre los cimientos de mi hogar, en cada pared, en los techos, en los pisos y en cada parte de mi hogar. Llama a tu ejército de Ángeles Guardianes para que se coloquen en cada rincón, ventana y puerta para que, con su fuerza, sostengan mi refugio. Arcángel Miguel, mi fe en ti es fuerte, por eso también te pido que envuelvas con tu escudo de plomo a cada integrante de mi familia para protegerlos del peligro. Arcángel Miguel, contigo a mi lado estoy a salvo, contigo a mi lado me siento protegido y contigo en mi casa sé que se mantendrá de pie*».

PASO 5: Cierra los ojos por unos minutos e imagina cómo los Ángeles Guardianes se acomodan en cada rincón y sostienen con sus poderosas alas tu hogar.

PASO 6: Es turno de que hables con los Ángeles de la naturaleza. Platica con ellos mientras recorres cada habitación de tu casa: «*Queridos Ángeles de la naturaleza, este es mi hogar donde son bienvenidos y donde Dios y su amor incondicional arropa nuestro día a día. Angelitos, ustedes que "trabajan" de la mano con la naturaleza les pido que mantengan a salvo mi santuario. Ángeles de la naturaleza, recorran cada espacio y a su paso, impregnen de toda su luz y energía. Mi corazón está lleno de gratitud hacia su fuerza reconfortante y milagrosa. Ángeles de la naturaleza, quiero que vivan conmigo y formen parte de mi hogar. ¡Bienvenidos! ¡Bienvenidos! ¡Bienvenidos!*».

PASO 7: Durante 22 días consecutivos, mantén tu florero lleno de flores blancas (reemplázalas cuando se marchiten) y prende una

velita del deseo color blanca por 10 minutos. Recuerda utilizar cerillos de madera.

Vive en paz en tu hogar, los Ángeles de la naturaleza
y el Arcángel Miguel ya la envolvieron
en un escudo protector

Oración para acabar con el miedo ante la advertencia de un desastre natural

PASO 1: Haz la siguiente oración ante la advertencia de un desastre natural y durante 11 días consecutivos por la mañana: «*Valiente Arcángel Miguel, el brillo de tu espada ilumina mi camino y el filo de tu espada corta en este momento toda sensación de miedo, esa angustia de que algo malo me pase a mí y a mis seres queridos. Arcángel Miguel, Arcángel protector, permito que rocíes todo mi ser con tu luz azul para que desaparezca en mí esa revolución de sentimientos ante un desastre natural y sienta la protección que necesito. Arcángel Miguel, toma mi mano y guíame a seguir adelante, feliz y tranquilo. ¡Siempre contigo y mi confianza contigo!*».

El Arcángel Miguel ya escuchó tu oración

Oración para dormir en paz tras un sismo o desastre natural

PASO 1: Antes de dormir encomiéndate a tus Ángeles de la Guarda: «*Benditos Ángeles de la Guarda, cobíjenme con sus alas de amor y absorban todos mis temores para que pueda dormir con tranquilidad. Aparezcan en mis sueños para que sean dulces y cálidos. Estos mismos deseos, extiéndanlos a mis seres queridos, incluso, les pido que cuiden a mi familia mientras duerme. Protéjanla con su luz milagrosa de cualquier peligro. Manténganla a salvo. Angelitos, con ustedes a mi lado me siento protegido, con ustedes a mi lado me siento a salvo, con ustedes a mi lado mi fe es fuerte*».

> *Tus Ángeles de la guarda ya escucharon tu oración,*
> *ve a dormir en paz*

Agradece a los Ángeles y Arcángeles regalándoles flores

Necesitas: 1 ramo de flores (las que más te gusten) / 1 florero.

PASO 1: Coloca el florero con las flores en algún lugar de tu casa. No importa si es una flor o un ramo de flores. ¡Los Ángeles las adoran!

PASO 2: Dedícale las flores a los Ángeles, puedes utilizar las siguientes palabras o usar el mensaje que nazca de tu corazón: *«Queridos Ángeles de mi Guarda, mil gracias por caminar junto a mí y tomarme de la mano día a día. Gracias por alumbrar mi vida y llenarla de felicidad. Con todo mi amor, estas flores son para ustedes que me escuchan, que me guían, que me protegen y que me consienten sin pedir nada a cambio. Dios y ustedes viven en mí».*

El ver las flores y sentir su aroma te recordará que los Ángeles están junto a ti todos los días.

Los Ángeles y Arcángeles están felices

Platica con Dios y «siente» su presencia

*Platicar con Dios es la experiencia más enriquecedora
de la vida, es un momento para cargarnos de esperanza
y tomar fuerza para seguir caminando felizmente.
Somos hijos de Dios y somos a su semejanza y Él feliz
de escucharnos y darnos el consuelo divino que necesitamos.*

Necesitas: 1 velita del deseo color blanca, vela blanca
o veladora chica color blanca / Cerillos de madera.

PASO 1: Elige un lugar tranquilo en tu casa, en un jardín, en el bosque o frente al mar y colócate en una posición cómoda.

PASO 2: Enciende la velita del deseo color blanca con un cerillo de madera y ponla en una superficie segura. Ya abriste el canal de comunicación con Dios, los Ángeles y Arcángeles.

PASO 3: Cierra los ojos e inhala y exhala profundamente. Concéntrate en tu respiración. Siente cómo te relajas poco a poco. Hazlo hasta que te sientas tranquilo.

PASO 4: En completa paz, imagina a los 7 Arcángeles: Miguel, Rafael, Chamuel, Jofiel, Zadquiel, Uriel y Gabriel frente a ti. Los 7 te extienden la mano y te conducen por un camino hermoso. Los 7 brillan intensamente como si fueran un arcoíris. Al final del camino estás en la cima de una montaña. Frente a ti observas un paisaje inigualable, montañas, árboles, lagos… Sin embargo, en el cielo brilla una luz: ¡es Dios! ¡Estás ante la presencia de Dios!

PASO 5: Habla con Él, no te límites, saca todo lo que llevas dentro de ti, pídele, desahógate, llórale o agradécele. Tienes enfrente a Dios. ¿Qué quieres decirle? Dedícale todo el tiempo que desees.

PASO 6: Los 7 Arcángeles continúan junto a ti, acompañándote. Antes de terminar tu conversación con Dios, dile: «¡Gracias! por arroparme todos los días con el calor de los Ángeles y Arcángeles».

PASO 7: Abre los ojos lentamente y sonríe. ¡La experiencia fue real! Lo que sentiste en tu respiración, las sensaciones en tu piel y los cambios de temperatura… ¡Todo fue real! Dios vive en ti y en todo lo que te rodea.

Dios te ama inmensamente y habita en tu ser

Datos de contacto

Gaby Heredia / Angelóloga

Facebook: Angeles cerca de ti por Gaby Heredia

Twitter: @angelcercadeti

Instagram: angelescercadetiporGabyHeredia

Mail para consultas: contacto@angelescercadeti.com

Página web: www.angelescercadeti.com

ECOSISTEMA DIGITAL

NUESTRO PUNTO DE ENCUENTRO

www.edicionesurano.com

2 AMABOOK
Disfruta de tu rincón de lectura
y accede a todas nuestras **novedades**
en modo compra.
www.amabook.com

3 SUSCRIBOOKS
El límite lo pones tú,
lectura sin freno,
en modo suscripción.
www.suscribooks.com

DISFRUTA DE 1 MES
DE LECTURA GRATIS

1 REDES SOCIALES:
Amplio abanico
de redes para que
participes activamente.

4 APPS Y DESCARGAS
Apps que te
permitirán leer e
interactuar con
otros lectores.